历史的丰碑丛书

科学幻想小说之父
凡尔纳

刘学铭 编著

文学艺术家卷

吉林人民出版社

图书在版编目(CIP)数据

科学幻想小说之父——凡尔纳 / 刘学铭编著 . -- 长春：吉林人民出版社，2011.4（2021.8 重印）
（历史的丰碑丛书）
ISBN 978-7-206-07637-4

Ⅰ. ①科… Ⅱ. ①刘… Ⅲ. ①凡尔纳，J.（1828～1909）—生平事迹—青年读物②凡尔纳，J.（1828～1909）—生平事迹—少年读物 Ⅳ. ①K835.655.6-49

中国版本图书馆 CIP 数据核字 (2011) 第 037469 号

科学幻想小说之父 凡尔纳
KEXUE HUANXIANG XIAOSHUO ZHI FU FANERNA

编　　著：刘学铭
责任编辑：刘　学　　　　　封面设计：孙浩瀚
制　　作：吉林人民出版社图文设计印务中心
吉林人民出版社出版 发行（长春市人民大街7548号 邮政编码：130022）
印　刷：北京一鑫印务有限责任公司
开　本：787mm×1092mm　1/16
印　张：8　　　　　字　数：72千字
标准书号：ISBN 978-7-206-07637-4
版　次：2011年4月第1版　　印　次：2021年8月第2次印刷
定　价：35.00元

如发现印装质量问题，影响阅读，请与出版社联系调换。

编者的话

"欲知大道，必先为史"。

回溯人类的足迹，人们首先看到的总是那些在其各自背景和时点上标志着社会高度和进步里程的伟大人物。他们是历史的丰碑，是后世之鉴。

黑格尔说："无疑，一个时代的杰出个人是特性，一般说来，就反映了这个时代的总的精神。"普希金说："跟随伟大人物的思想是一门引人入胜的科学。"

以史为鉴，面向未来。作为 21 世纪的继往开来者，我们觉得，在知史基础上具有宽广的知识结构、开阔的胸襟和敏锐的洞察力应是首要的素质要求，而在历史的大背景

◆ 历史的丰碑丛书

中追寻丰碑人物的思想、风范和足迹，应是知史的捷径。

考虑到现代人时间的宝贵，我们期盼以尽量精短的篇幅容纳尽量丰富的信息，展现尽量宏大的历史画卷和历史规律。为此，我们编撰了这套丛书。

编撰丛书的过程，也是纵览历代风云、伴随伟人心路、吸收历史营养的过程。沉心于书页，我们随处感受着各历史时期伟大人物所体现的推动历史进步的人类征服力量。我们随着伟人命运及事业的坎坷与辉煌而悲喜，为他们思想的深邃精湛、行为的大气脱俗而会意感慨、拍案叫绝。

然而，在思想开始远游和精神获得享受的同时，我们也随之感受到历史脚步的沉重

编者的话

和历史过程的曲折。社会每前进一步都是艰难的，都伴随着巨大的痛苦和付出。历史的伟大在于它最终走向进步，最终在血污中诞生了鲜活的"婴孩"。

历史有继承性和局限性，不能凭空创造。伟人也有血肉，他们的思想、行为因此注定了同样具有历史的局限性和阶级的、时代的烙印；他们的功业建立于千千万万广大人民群众伟大创造的基础上。历史是人民群众创造的，伟大的人物们是历史和时代造就的。同时，我们也无法否定此间他们个人的努力。这也正是我们编撰这套丛书的目的。

我们期盼着这套丛书得到社会的认同，对读者，特别是青少年读者之历史感、成就感和使命感的培养有所裨益。史海浩瀚，群

◆ 历史的丰碑丛书

星璀璨。我们以对广大青少年读者负责的精神，精心遴选，以助力青少年成长进步，集结出版了《历史的丰碑》系列丛书，敬请读者批评、指正。

《历史的丰碑丛书》

编委会

策　划：胡维革　吴铁光
　　　　　林　巍　冯子龙
主　编：胡维革　邢万生
副主编：贾淑文　谷艳秋
编　委：（按姓氏笔画为序）
　　　　于二辉　刘士琳
　　　　刘文辉　孙建军
　　　　李艳萍　吴兰萍
　　　　杨九屹　隋　军

凡是喜欢科学幻想小说的人，没有不熟悉儒勒·凡尔纳这个名字的。

他的《气球上的五星期》、《地心游记》、《从地球到月球》、《格兰特船长的儿女》、《海底两万里》、《八十天环游地球》和《神秘岛》等脍炙人口的作品的问世，为小说园地增添了一畦新花，为科幻写作开辟了先河。

凡尔纳以其作品惊险离奇的情节、科学幻想的内容以及抨击人类贪婪、疯狂和傲慢的主题，已经并还在教育着一代又一代的青少年读者。凡尔纳本人的充满追求与挫折、探索与拼搏、成功与失落、安适与孤独、苦恼与欢乐的多彩人生经历，就是一部发人深省、引人入胜的活教材。

有人说他是一位崇尚冒险的传奇人物；有人说他是一位把个人隐秘带进坟墓的神秘人物，其实，他是人类的一座矿山，那里蕴藏着惊世的珍奇，我们应该去探索挖掘，沿着他生命的脉络，发现和采集人生的宝石。

目 录

梦幻的童年　　　　　◎ 001

忧患的青年　　　　　◎ 014

求索在巴黎　　　　　◎ 025

亚眠之行　　　　　　◎ 039

步入成功之门　　　　◎ 054

艺苑采花　　　　　　◎ 069

家庭的烦恼　　　　　◎ 088

千古流芳　　　　　　◎ 100

历史的丰碑丛书

梦幻的童年

> 一个精神生活很充实的人，一定是一个很有理想的人，一定是一个很高尚的人，一定是一个只做物质的主人而不做物质的奴隶的人。
>
> ——陶铸

1828年2月8日，儒勒·凡尔纳出生于法国西部布列塔尼半岛的南特市。这是法国最繁荣的工商业城市之一，历史上曾是与西印度群岛做香料生意的贸易中心。

儒勒·凡尔纳的父亲皮埃尔·凡尔纳，是一个外表严肃庄重，内心充满慈爱的和蔼可亲的人。他天资聪敏、智力过人，是个博闻强记的文人，才华横溢的诗人，一个受人尊敬的法学家。

皮埃尔·凡尔纳出生于法律世家，祖父是审理间接税案件的最高法院的公证人，父亲是普罗万法庭的一位代理推事，他本人从1825年起在巴黎登记做律师。

28岁那年,皮埃尔在南特市街头遇见一位使他动情的姑娘。他们很快便热恋了。这位姑娘叫索菲,是住在费多岛上奥利维尔·德·克利松街的一位会计主任的女儿。正像一般热恋中的情人一样,炽烈的情感冲动排挤了冷静的理性的审视,他过于陶醉于姑娘的美丽和柔情,竟没有发现她那活泼和热情所掩盖的轻浮和娇纵的习性。

婚后,他们才各自发现彼此的缺点。皮埃尔和索菲生活得并不快活。矛盾的起因在于索菲,这位被父母和自己美丽容貌娇纵成性的姑娘,很难做人妻、守妇道,她不关心家务,不下厨房,甚至干脆不着家,经常回娘家跟母亲住在一起。

儒勒·凡尔纳出生后,又在皮埃尔和索菲原有矛盾的格局中增添了一个新的筹码。这孩子出世后十分孱弱,在最初几天,

← 凡尔纳

科学幻想小说之父　**凡尔纳**

他连母亲的乳汁都消化不了，白天黑夜啼哭不止。索菲虽然大部分时间守候在婴儿的床边，却不知如何照料他。

皮埃尔患有消化不良症和风湿病，加以他又是一个神经质的人，被婴儿的哭声搅得心烦意乱彻夜难眠。索菲呢，自从有了孩子后，就更不关心家务了，甚至连丈夫也不搭理，两个人几天都不讲一句话。这么一来，怨气在暗中增压，矛盾在沉默中升级。

一天，皮埃尔实在忍无可忍，便大发其火，要把孩子送给妈妈抚养，索菲执意不从，扬言他要坚持那么做，就与他分手。

俗话说夫妻没有隔夜仇。白天吵了一架，晚上回到家里，皮埃尔主动向妻子认错，并发誓以后一

→ 凡尔纳故居

印有凡尔纳先生头像的公交车

定要善待她。可是，誓言刚出口，情况又发生了新的变化：这一夜孩子比往常哭得更凶，闹得他通宵达旦没有合眼。第二天早晨，他又忘了头天夜里的许诺，他们又开始吵架，争吵声与婴儿的哭声混杂在一起。

后来请了一位大夫给孩子做了全面的身体检查，什么病也没有发现，只是在婴儿脚上找到了一根木刺。把刺挑出来之后，凡尔纳竟变成一个不哭不闹的乖孩子，皮埃尔与索菲之间的关系也就随之好转了。但是，父母的争吵对婴儿期的凡尔纳的影响，并没有因他们的和解而消失，依据当代的胎教和幼儿早期教育理论，凡尔纳的孤僻性格的形成，与他婴儿期经常听到父母的争吵可能不无关系。

科学幻想小说之父　**凡尔纳**

在为凡尔纳洗礼那天,他的舅舅、姑姑和姨夫以及祖父、外祖母都来了。当天晚上,在酒席宴间,众人的话题集中在孩子将来的职业问题上。

皮埃尔希望儿子能承袭他的事业,将来也成为一名律师;外婆预言,这孩子将成为一名水手;祖父则从孩子的脖子和前额的轮廓推测,他将是一个天才的诗人……

亲戚们围绕着孩子的前程问题展开了激烈的争辩,嗓门儿越来越高,酒越喝越多。第二天早晨发现,客人们横躺竖卧,有的倒在地板上,有的睡在沙发里,样子都十分滑稽。而这时被议论的中心人物小凡尔纳,正在自得其乐地撕扯着爸爸公文包里的一份诉讼委托人的遗嘱……

对儿提时代的凡尔纳影响最大的人物之一是堂叔的内兄——法国著名浪漫派作家夏托布里昂。这位作家经历了一段动荡不安的生活之后,便隐居在自己的庄园里写回忆录。这位忧郁的作家曾有

→夏托布里昂

文学艺术家卷　005

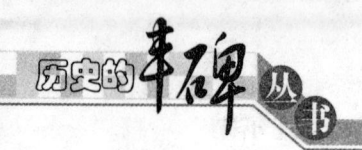

过一番极不平凡的经历,当年他为探寻通向远东的航道,远离法国抵达美洲。他与猎人结伴,与土人为伍,穿越过纽约的原始大森林,漫游过伊利湖畔,观赏过尼亚加拉大瀑布。原始的自然景色,多彩的异国情调,触动他的文思,激励他写作的欲望,于是他便把大自然的风光和异国的情趣,作为自己写作的内容,带进法国的文坛。小凡尔纳曾多次与这位作家见面,他的经历和作品,对凡尔纳的原始幻想的萌生起着启蒙的作用。凡尔纳后来所以成为以描写在草莽世界里进行冒险题材见长的作家,恐怕与夏托布里昂的影响不无关系。

← 凡尔纳所预言的登月

对儿提时代的凡尔纳影响较大的另一个人物是桑斑太太。大约五六岁的时候,凡尔纳上桑斑太太办的私立学校念书。这位总喜欢穿一身黑色衣裙的太太,

科学幻想小说之父　**凡尔纳**

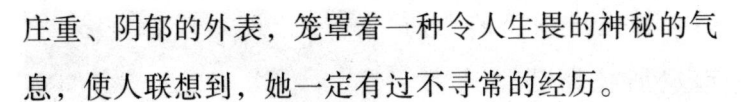

庄重、阴郁的外表，笼罩着一种令人生畏的神秘的气息，使人联想到，她一定有过不寻常的经历。

她是一位远洋船船长的妻子，那位船长虽已在海上失踪多年，但她一直在家苦守着，怀着近于绝望的渺茫的希望，等待着丈夫的归来。那班幼小的学生，深深地被她的遭遇和情怀所感染。为她分担希望和忧愁的是一个灰色头发的孩子，他就是50年后，写出题为《布拉尼康》小说的凡尔纳。在这篇小说中，读者从女主人公布拉尼康的事迹中，可以看出，她的原型就是桑斑太太。在这篇小说中，女主人公为了寻找失踪的丈夫，历时14年，吃尽千辛万苦，搜遍了太平洋的珊瑚海，最后终于发现她的丈夫还活着。

凡尔纳和其弟保罗在桑斑太太的私立学校毕业之

文学艺术家卷　007

后,被送进南特的圣斯坦尼斯拉斯公学读书。当时凡尔纳9岁,保罗8岁。

凡尔纳在小学读书期间,对功课并不十分热心,是个有名的"娱乐大王",但他依然是个成绩优秀的学生。从小学二年级起,他在学习上曾获得过多项奖励:读二年级时,他荣获内省、地理和声乐3张奖状,背诵课获得了头奖;读三年级时,除了声乐继续获奖外,并获希腊文作文一等奖,希腊文翻译二等奖和地理三等奖;读四年级时,获拉丁文翻译一等奖,声乐二等奖。

从1840年起,他进入皇家公立中学读书。他在中学读书期间,虽然获得了法文论文四等奖和拉丁文翻译五等奖以及一个地理奖,但总的来说成绩平平,并无特别过人之处。不过,凡尔纳的确有过人之处,只不过他的过人之处,不是表现在课程的成绩单上,而是表现在课程之外。

若干年后,凡尔纳已经成为名人了。他的当年学

科学幻想小说之父　**凡尔纳**

友们谈到他成名的原因时，不禁想到，他总喜欢在笔记本上画轮船和火车，原来他的兴趣和幻想早就同这些交通工具联系在一起了。

由于对课程不热心，因而对学校也没有深刻的印象。开阔他知识视野，引导他心驰神往的课堂，不在学校内，而在广袤的自然界。到乡下去领略田野风光，到港湾去观赏碧海的波涛和码头上繁忙的景象，对他来说，都是最有意义的学习。

凡尔纳及其兄弟保罗特别迷恋海洋，一有时间就到码头去，观赏在那里来来往往的远洋帆船。

大帆船的各种设备、各项操作，构成一幅丰富多彩的画面，也成为兄弟俩无休止的谈论的话题，而那些海外归来和扬帆远航的船只的来路和去向，更引起

他们梦幻般的猜测和遐想。

使凡尔纳和保罗心醉神迷的不仅仅是出入港口的帆船，其实，连码头上的景物也都使他们产生了浓厚的兴趣。无论是从货船上卸下来的丝绸、布匹和瓷器，还是装在笼子里的金丝鸟、鹦鹉和小松鼠，都使他们着迷。然而，最使他们心潮激荡的还是大海，还有向大海挑战的人们。用凡尔纳的话来说，"每当我看见一艘船扬帆出海，我的整个身心便飞到船上。"

涨潮时，小港湾很快便被激荡的海水吞没了。这时，凡尔纳和保罗便将目光投向大海的深处，更是心潮起伏、浮想联翩。他们仿佛听到了大海的召唤，这是难以抗拒的诱惑。

一天，凡尔纳捡到了一个褪了色的本子，这是一位名叫皮埃尔·勒凯尔的护卫舰舰长的航海日记。从只言片语的潦草字迹看来，它是在战斗中写成的。凡尔纳连续读了好几个小时，发现最后一页还有血迹。这滩发黑的血迹，在凡尔纳的心头怎么也抹不掉，他经常陷入遐想，猜测作者可能遇到的各种遭遇，同时，也更激励起他探险的欲望。

为了亲身体验一下幻想中的海战的梦境，有时凡尔纳和保罗用1法郎一天的高额租金租一条小船，哥俩在河里做海军战斗演习。

　　1839年夏季里的一天，索菲早晨醒来发现大儿子凡尔纳不见了。起初，她还以为他早起外出游玩去了；后来，她询问他的弟妹们，他们都说不知道他去什么地方了。她这才开始着急了。左等不回来，右等不回来，一个小时又一个小时地过去了，直到12点半，仍不见他的踪影。索菲请求邻居戈荣上校骑马去通知在南特律师事务所工作的皮埃尔。

　　这位律师闻讯火速赶回家，四处打听儿子的下落。一位女猪肉商说，早晨6点钟左右，看见凡尔纳从教堂广场经过；接着，又从一位格雷努耶尔水道的内河船员口中得知，凡尔纳跟两位少年见习水手乘坐小舢舨，上了"珊瑚号"远洋船。他还说，这艘船要开往印度，晚上很可能在潘伯夫停靠，如果坐火轮去有可能赶上它。

　　皮埃尔幸好搭

→南特以凡尔纳名字命名的街道

上了一艘火轮船，及时赶到潘伯夫，在"珊瑚号"上找到了自己的儿子。凡尔纳似乎已经后悔自己的轻举妄动了，因为见到父亲来接他时，他像得救似的高兴。可是暴怒的父亲却狠狠地揍了他一顿，并要关他禁闭。他对母亲保证说："从现在起，我将只在我的幻想中旅行。"

凡尔纳这次离家出走是事先预谋好的。当他听说那艘"珊瑚号"的三桅帆船即将开往印度的消息时，他就动心了。这一方面是由于印度的富于异国情调的瑰丽景色以及在这次远航中可能发生的冒险事件吸引着他；另一方面他还有一个不可告人的打算：他想借去印度之机，为他心爱的表姐卡罗琳捎回一条珊瑚项链。这是多么富有诗意的冒险行动啊！

于是一个行动方案在这个年仅12岁的孩子的头脑里形成了：他听说在这艘即将启航的帆船上有与他同龄的见习小水手，他就主动地接近他们，想贿赂其中一人接受他冒名顶替的计划。果然有个贪财的孩子上钩了，答应只要他肯付一笔数目不大的钱款，他肯暂时让出见习水手的身份。

凡尔纳动用了自己的全部积蓄，两人很快成交，并商定了如何骗过船长安全上船的措施。原来这艘帆船在入海之前，须先经过格雷努耶尔水道，合谋者们决定用小舢舨将两位小水手送到大船上。这需要另外一位少年见习水手协助,因为必须有3个人才能完成这项计划,把两个送上大船,被替换者再驾驶舢舨归岸。

一切都进行得很顺利。他们趁准备启航的忙乱之际,将其中一个少年见习水手替换下来,并没被人发现。但事情还是败露了,凡尔纳在途中被擒,在父亲的押解下回家。如果他的预谋得逞,不知他的命运是什么样子。

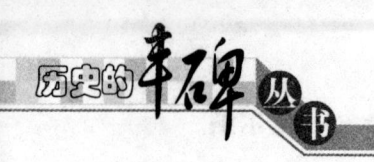

忧患的青年

假如生活欺骗了你,
不要忧郁,也不要愤慨!
不顺心的时候暂且容忍:
相信吧,
快乐的日子就会到来。

——普希金

凡尔纳青年时期的生活,充满了忧伤和压抑。这是因为他个人专业抉择的不遂心和情场追求的不如意。

本来,就个人的理想和志趣而论,他很向往充满冒险精神和浪漫色彩的生活,他酷爱文学和艺术。可是,他不得不屈从父亲的意志,去啃他丝毫不感兴趣的法律条文,以便将来子承父业,去经营父亲一手组建的律师事务所。

从少年时期起,他就情有所钟,苦苦地爱恋着他的表姐。可是,那位比他长1岁的漂亮姑娘,却从没把这位真诚爱她的表弟放在心上。而凡尔纳为他心爱的人甚至肯去赴汤蹈火,正如上文所提及的,当年他

科学幻想小说之父　**凡尔纳**

贿赂少年水手想以冒名顶替的方式去印度探险，其动因之一，就是想借远航之机，为表姐弄一串珊瑚项链。这样的赤热之心与她的冷漠之情相比，真是情同冰火。这不仅使他为一时一事的挫折而感到伤心和失望，而且更重要的是，这种长期的挫折和失意，使他整个青年时期充满了灰色格调，同时也积淀成他终生忧郁性格的基质。

幸亏他在文学中找到了摆脱困境的出路，使他在现实生活中难以实现的理想和追求，在文学艺术的殿堂里找到了归宿。

凡尔纳从12岁起，就被表姐卡罗琳迷住了。记得在一次舞会上，她就像一朵盛开的鲜花，展现在追逐者面前。她实在太俊俏了，所有的表兄弟和其他与会

游戏化凡尔纳的小说《八十天环游地球》

的同龄人，都争相向她献媚，使尽全身解数向她求爱。

她呢，很懂得自己俊美容貌的价值，而且还深知高傲能使她的容貌增值。于是，她开始漫不经心地逐个品评她的献媚者和求爱者：这个萎靡倦怠，不行；那个冷漠呆板，不可；第三个，虽不乏热情，而又流于肤浅，不是理想的配偶；第四个，这回轮到凡尔纳了，虽感情充沛，但过于稚小，且疯疯癫癫，也不是个严肃的对象……

由于求爱者不乏其人，且个个衣冠楚楚，容光焕发，这使凡尔纳又惶恐又嫉妒。在竞争者中，有一位叫让·科米埃的家伙，对凡尔纳威胁最大，因为这个家伙最会献殷勤。不过，很快凡尔纳就发现这个可怜虫也白费心机了，他与自己一样遭到鄙视。卡罗琳选来选去，竟选中了一个很负众望的人。这个幸运者，在凡尔纳看来是个十足的窝囊废，因此，他心里就感到格外的不平衡。

从此，他开始怨恨那个不近人情的表姐，并由此派生出厌恶女性的心理。但是，怨恨可能是爱慕的另一种形式。当他第一次认真尝试文学创作，写成一个悲剧剧本之后，便把剧本读给表姐听，想以此取悦于他钟情多年的姑娘。不料，在他朗读剧本的过程中，那位姑娘接连地打哈欠，等他朗读完了，她如释重负

科学幻想小说之父　**凡尔纳**

地长出了一口气,对他和被他视为珍宝的剧本付之一笑。这情景狠狠地刺痛了凡尔纳的心,以致使他想哭、想死、想杀人……

卡罗琳这种无情无义无礼的表现,使凡尔纳懊恼了很长时间。在他早期的某些剧作中,就流露了这种懊恼和怨恨的情绪。1850年在巴黎舞台上演出了他的第一个戏剧《无聊琐事》。在这个剧本中,他对那些年轻的刁蛮女人,进行了辛辣的讽刺和无情的抨击。

事隔多年,他还念念不忘地发泄郁结在心头的怨气。他曾在一部小说的结尾中,写出了这样一个凄惨的场面:在加拿大尼亚加拉大瀑布上方,漂来一只熊

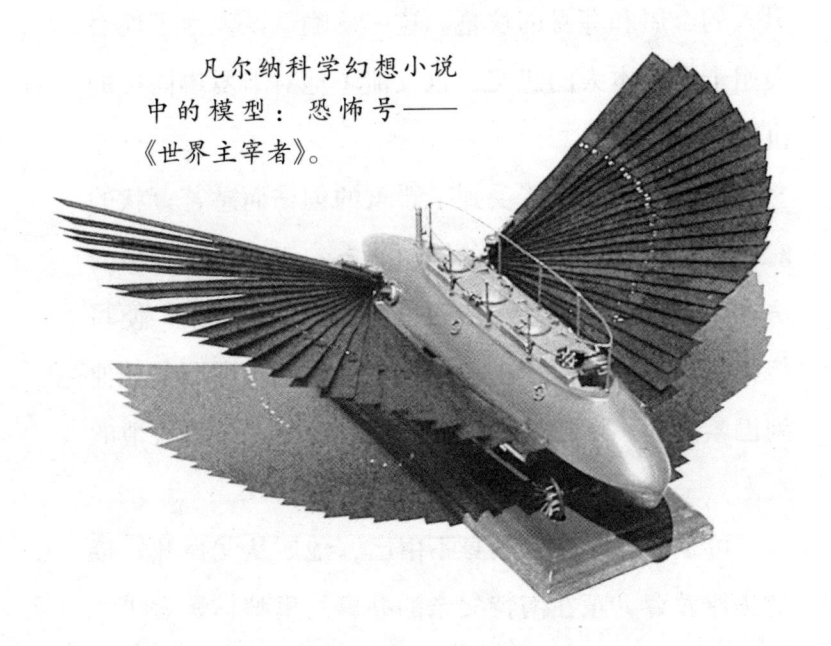

凡尔纳科学幻想小说中的模型:恐怖号——《世界主宰者》。

熊燃烧的小木船，它的名字叫"卡罗琳"，一对殉情的恋人正在船里同归于尽。凡尔纳将那条既是结婚又是举葬用的小木船冠以表姐的名字，其用意是鲜明而又深刻的："卡罗琳"（泛指一切年轻无情而轻浮的女人）意味着痴心

← 凡尔纳经典科幻图

男人的金屋和葬身的坟墓。这一比喻，既发泄了他对表姐卡罗琳本人的怨艾，也发泄了他对卡罗琳同类的仇恨。

在凡尔纳的感情受到了严重的创伤而愁苦万状的时候，他想到中学时代的同窗好友，正在巴黎师事的法国著名作曲家哈莱维的阿里斯蒂德·伊格纳，便写信把自己的绝望心情告诉了他。伊格纳当即回信劝他到巴黎，换一下环境，以便彻底忘掉那个不近人情的女人。

可是，那时凡尔纳身不由己，他屈从父命开始接受法律教育，正在南特父亲的办事处里啃枯燥无味的法学书籍。所以，去巴黎迟迟不能成行。

后来，传来一个既给他带来痛苦又为他提供机会的信息：卡罗琳和埃米尔·德佐内伊要结婚了。凡尔纳的父母终于大发慈悲，决定在卡罗琳结婚的日子里，让自己的儿子去巴黎参加首次法律学考试，藉以回避这场婚礼可能对他产生的刺激。

1847年4月，他来到了巴黎，住在姑妈夏律埃尔家里，在那里写成了题为《亚历山大六世》五幕诗体悲剧，并顺利通过了颇为艰难的第一学年的法学考试。

考试刚结束，凡尔纳便到普罗万亲戚家小住些日子，领略一下亲情的温暖。在那里他得到了卡罗琳结婚的确切消息，又含悲忍痛地返回南特。他整天心神不定，沉默少语、郁郁寡欢，无情无趣地泡在法学书籍堆里，等待着下一次的法学考试。

这个时期，他的情绪低落极了，有时一连几个小时不知去向，使家里人都为他担心。每逢去投亲访友时，他也显得木讷呆滞，甚至是粗俗无礼，而且对姑娘有一股莫名其妙的反感，决不同她们跳舞或愉快地交谈。

←凡尔纳收到的亚眠市议院就职典礼邀请函

不过，他对异性的忌恨并非全真，颇有点小孩子似的怄气的意味。因为他不久又堕入了情网，并又写起情诗来了。他深深地爱上了一位名叫艾米尼·阿诺特·格罗斯蒂埃尔的姑娘。他在一首情诗的开头写道："唉，你解除了我的武装，使我柔肠寸断。"后来，艾米尼嫁给了南特的一个农场主。这是凡尔纳在情场上遭受的第二次打击。

也许情场失意是作家之幸，那惆怅之情，失落之感，往往会成为文学创作的动力。因此，尽管凡尔纳选择文学职业似乎不大可能，但却很难割断他与文学的关系，他仍在继续写作。他的一篇内容不甚检点的诗作，曾在南特的名为"大众钱箱俱乐部"的文学团

科学幻想小说之父　**凡尔纳**

体中被偷偷摸摸地传阅过。诗的内容使凡尔纳的父亲大为震惊，但是，这个文学团体却给作者以肯定和鼓励，使他认识到自己具有一个受欢迎的文学家的才能和潜力。

→凡尔纳年轻时代

1848年7月初,凡尔纳前往巴黎参加第二次法律考试。当他出现在6月革命风暴刚刚过后的巴黎街头时,目睹着那弹痕累累的建筑物和被毁坏的房子,他感到凄惨和不可思议。但是,政治动乱并没有冲淡情场失意给他带来的痛苦和不幸,他不能忘却苦苦爱恋着的两个姑娘,他不能不思念那两朵有主的名花。

7月21日,他在一封家信中写道:

> 天呀,我简直忘了,在我被巴黎弄得神魂颠倒的时候,还有一些别的事情在困扰我呢。那个您很熟悉的某女士的婚事怎么样了?婚礼该是在星期二举行的吧?我很想知道最后是如何安排的。

7月30日,时隔一周,他在另一封家信中写道:

> 唉,亲爱的妈妈,在这种生活中,并非一切都是美好的。那些在西班牙建筑起雄伟城堡的人们,也会发现他们在自己的国家里是孤独的。那场婚礼真的已经举行了吗?

接着,他又绘声绘色地描写了一场梦中遇见的婚礼:

科学幻想小说之父　凡尔纳

　　新娘穿着一身雪白的衣服——这是她灵魂纯洁的象征,新郎穿的却是一件黑衣服,这种象征暗示着他未婚妻灵魂的本色。新房在这对颤抖着的夫妇面前打开了,闺房乐趣充溢在这对伉俪之间。……而当晚,在漫长的黑夜中,一个衣衫褴褛的男人在新房的门把手上磨着牙齿。啊,亲爱的妈妈,这个可怕的念头把我惊醒了;而你来信告诉我,我的梦竟是一种现实。我预见到了多少不幸啊!可怜的年轻人。但我还要说:上帝,宽恕他吧,他不知自己所干的是什么。至于我,我要杀死我碰到的第一只黑猫来安慰自己……这场丧礼似的婚礼一定要用文字记录下来以作纪念。

凡尔纳科幻小说模型:鹦鹉号——《海底两万里》。

改编自科幻小说之父凡尔纳作品的同名游戏——《神秘岛》。

他在信中和梦中所提到的女人究竟是谁？传记作者们其说不一：有人说是指卡罗琳；也有人说是指艾米尼。笔者认为，两者之中不管是谁，都对他是一个沉重的打击，他的梦就反映了一个痴心男人的嫉妒而又渴望的心理。

他在巴黎再次通过了考试，并到普罗万去探望亲戚，然后又回到南特。在这年夏天，他写出了题为《海边漫步》的短短的滑稽戏，还写了另外3个喜剧的提纲。

由于法律学习的第三年是关键阶段，因此家里决定让他到巴黎去学习。这个决定是他一生的一个重大转机，这意味着他从此摆脱了南特文化氛围的影响和家庭传统观念的束缚，开始走上了自由的独立发展的道路。

求索在巴黎

> 事业常成于坚忍，毁于急躁。我在沙漠中曾亲眼看见，匆忙的旅人落在从容者的后边；疾驰的骏马落在后头，缓步的骆驼继续向前。
> ——萨迪

1848年11月10日，凡尔纳和他的好友爱德华·博纳米一道前往巴黎。

不久，经姑夫夏托布尔格的介绍，他走进了德·约米尼太太、德·玛丽安尼太太和德·巴雷尔太太的沙龙。

约米尼太太的沙龙具有强烈的政治色彩，使他感到厌恶；玛丽安尼太太的沙龙谈锋又显得过于平庸，对他缺乏诱惑力；唯有巴雷尔太太的沙龙别具风味，引起他的兴趣。

凡尔纳在巴雷尔太太的沙龙里，结识了许多浪漫派作家。其中有《自由报》的编辑德·科拉尔伯爵，此人是维克多·雨果的朋友，他表示，一俟雨果要见

他，就带凡尔纳去拜见这位诗人。后来，热情好客的大仲马，又真诚地接纳了这位外省青年，并十分赏识他的口才。于是，凡尔纳便成了他一向崇拜的作家的座上客。一种受宠若惊的情绪，流露在他给父母的信中，他写道：

> 与文学直接接触，预感到不断徘徊于拉辛和莎士比亚、斯克里布与克莱尔维尔之间的文学今后将取的形态，这的确是一件极其新鲜、极其美好的高兴事儿。对当今时代和未来的体

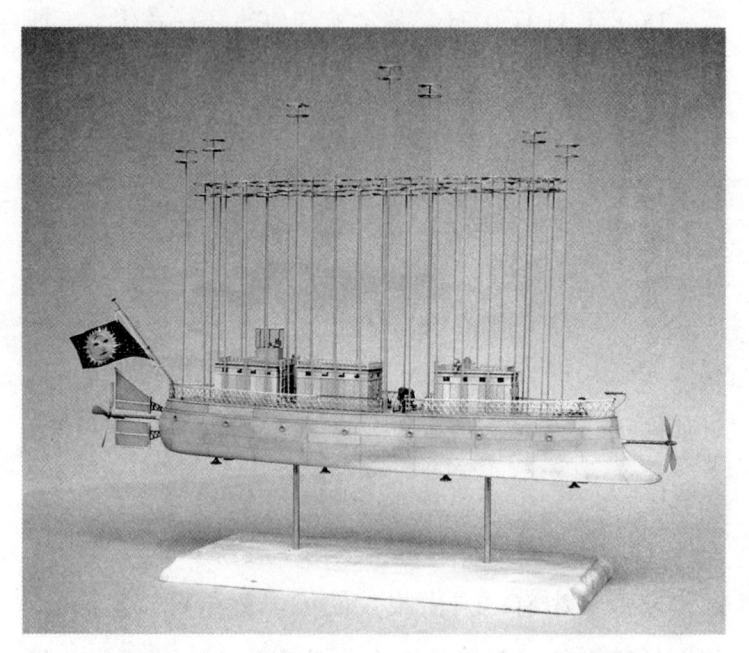

凡尔纳科学幻想小说中的模型：信天翁号——《征服者罗比尔》。

科学幻想小说之父　**凡尔纳**

裁，实有深入研究之必要。倒霉的是，可怕的政治给优美的诗篇蒙上了一层庸俗的外衣。只要法兰西仍存在一位能使心灵颤抖的诗人，那就让部长、议长、议会统统见鬼去吧，历史已经证明，政治属于短暂的偶然现象。我要跟歌德一道思考、吟诵：使我们幸福的东西没有一样不属幻想。

凡尔纳的这种幼稚而又略显狂妄的论调，显然与他父亲那种只能通过悔罪来完善心灵、进而达到幸福境界的虔诚教徒的观点，是大相径庭的，因而遭到那位有德性的律师的严厉抨击，并指出像他那样阅历不深、思想怪僻的青年人，与品德卑劣的艺术界人士经

皮卡底儒勒·凡尔纳大学（亚眠大学）始建于1965年，其悠久的大学传统却可上溯至19世纪初。这所学校以19世纪法国作家，著名的"现代科学幻想小说之父"儒勒·凡尔纳之名命名。

常来往，会葬送自己的前程。

然而，凡尔纳毕竟长大了，对父亲出自传统观点的抨击，他写了一封又是辩解，又是安慰，又是陈情，又是驳斥的长信，他写道：

> 我非常感谢您的忠告……可是，直至如今，我刚刚开始遵循这条行动准则……我自己首先认识到，在这些艺术团体中，既有好的东西需要吸取，也有坏的东西需要摒弃。你们一

科学幻想小说之父　**凡尔纳**

→凡尔纳会客厅

听到"艺术团体"这个词儿便骇然生畏，可事情本身并不值得这样大惊小怪……

下星期二我就要进行考试。我向您保证，我将为这次考试竭尽全力。我自认可以肯定，我必定能通过这次考试——对任何事情也不该发誓赌咒——过去，我在发奋攻读，现在还在发奋，正因为这样，我希望尽快结束这次学士学位考试；但这难道意味着我从此之后将撒手不管、不再去钻研法学吗？……难道我还不知道，这篇论文将于8月份左右通过，而那时，我将被接受为律师！……虽然我眼前摆着另一种职业前景，但难道我会走到这一步，竟至放弃或耽误学业吗？……这样做，难道不是一种十足的疯狂举动吗？……

文学艺术家卷

我不是不知道巴黎对每一个人，尤其是青年人所具有的不可抗拒的诱惑力。当然比起南特，我更喜欢在巴黎生活……在这两种生活中，也许只存在这样一种差别：在巴黎，我并不为离开南特而惋惜，但在南特，我必然对离开巴黎感到惋惜，但这决不会妨碍我安分守己地在南特过日子……

在外省，人们对文学界的看法如此荒谬，这是很令人气愤的……我经常这样说，我所见到的文学界完全跟我们在南特的社团一模一样……

这并不比在南特更加谵妄、更加使人厌烦、更加使人感到压抑、更加使人感到乏味！这里的女人显然比南特的女人更加漂亮，但毕竟不能因此而对她们有丝毫染指……我首先承

← 凡尔纳工作室

认我在南特的优越地位，我甚至为此而感到自豪！……我将一如既往地感谢你把我造就成这样一个人，可是，我一直这样说，我要当个律师！

正如你所承认的那样，文学研究对各种职位都有用，一是我在从事文学研究之后产生某种试一试的念头，我曾经多次说过，那只不过是一种次要的东西，根本不会偏离既定目标……可是，如果您要说："你的意思是，你要成为一个文学院院士、诗人或优秀小说家？"假若我真的成为这种人，我亲爱的爸爸，您必定会第一个敦促我从事这种职业的！而且您将会第一个为此感到自豪，因为这是人们在世界上所能获得的最好的地位！假若我真的成为这种人，我的志向必然促使我这样做。可我们还没到这步田地！

咱们看看家庭生活……看看产生于一种与文学活动绝不相容的宁静地位的种种温柔情感。唉，倘若这就是政治生活，这就是咱们事实上并不鄙弃、而您要从律师职业开始的政治生活……那么，它对于家庭的各种安宁不是更起破坏作用吗？

凡尔纳在这封长信中，所以运用这种闪烁其辞、模棱两可的笔法，反映出他不便针锋相对地正面驳斥父亲观点的良苦用心。其实，人们从字里行间完全可以看得出，他对父亲让他远离巴黎文艺团体的警告，是决不能苟同的。

尽管他在信中几次提到，他要努力学习法律，争取做一名律师，但这只不过是安慰他父亲的言不由衷的话语，他的真实的兴趣在文学，他的真正的理想是想成为"一个文学院院士、诗人或优秀的小说家"。

虽然情场上的失意，对他的感情是个很大的打击，但这非但没有动摇他既定的目标，相反地却更加激励他在文学领域寻求精神寄托和理想归宿的意志。

1849年，凡尔纳获得了法学学士学

《征服者罗比尔》原版插图：在"信天翁号"上的自由。

位，他的父亲希望他返回南特，接管家里的律师事务所。但凡尔纳执意不从，他决定留在巴黎当作家，他在给父亲的信中写道：

  我留在巴黎是命中注定的。我可以成为一个出色的作家，但如果当律师，我绝不会比一个蹩脚的律师强。因为我只习惯于看到事物有趣的或艺术的方面，而对于严谨的现实，是看不到的。
  唯一真正适合我干的事业，是我正在追求的事业——文学。您的提议使我深受感动，但在这件事情上，我无疑应该相信自己的判断。如果我接受了事务所，您的事业只会江河日下，请原谅您不孝的、亲爱的儿子吧。

→ 凡尔纳

这封信与前一封含糊其辞、模棱两可的信不同，直截了当地拒绝接受父亲的事业，毅然决定走自己的路：放弃法律，想当作家。但这却是一条吉凶未卜的艰险之路。

凡尔纳的文学生涯是从剧本创作开始的。从1847年至1861年间，他写了大量的独幕剧和多幕剧，计有：

← 《征服者罗比尔》原版插图：气球主义的成果。

1847年，写成五幕诗体悲剧《亚历山大六世》。

1848年，写成独幕滑稽歌舞剧《一次海上游览》和独幕喜剧《拉伯雷的一刻钟》。

1849年，写成五幕悲剧《路易十五时代的一场悲剧》和独幕诗体喜剧《折断的麦秆》。

1850年，写成歌剧《一千零二夜》。

1851年，写成独幕诗体喜剧《蒙娜丽莎》。

1852年，写成五幕悲剧《蒙莱里城堡》（与夏尔·瓦吕特合作）。

科学幻想小说之父　**凡尔纳**

　　1853年，写成小歌剧《科兰·马亚尔》（与米歇尔·卡雷合作）和小歌剧《佩戴牛至花的伙伴》（与米歇尔·卡雷及伊尼亚合作）。

　　1860年，写成独幕喜歌剧《阿登旅店》（与米歇尔·卡雷合作）。

　　1861年，写成散文体三幕喜剧《禁闭十一天》（与夏尔·瓦吕特合作）和三幕喜剧《一位美洲来的侄儿或两位弗隆蒂尼亚克人》。

　　这个时期，他在剧本创作方面，虽然打开了局面，但却没给他带来什么经济效益。这位年轻剧作家一直处于贫困窘迫的境地。这个时期，他不仅对高档生活用品不敢奢望，就是连日常生活必需品也很难自给。

然而，这些苦难并没消磨他的意志，他以积极乐观的态度，迎接困苦生活的挑战，为了减轻经济负担，他不惜去给人家补习功课，赚几个小钱。

他对自己的前程和命运充满了信心，在艰难的境地中生活得很快活，他串联了一批青年文学家、音乐家和画家，组成了"11名光棍"小团体，经常搞聚餐等联谊活动。11名单身汉组成小集团，并非出于对女人的憎恶而决定终生不娶，这纯属于一群尚未婚配的青年的一种诙谐的恶作剧。

这个快活的小团体的发起人凡尔纳，在这期间，就曾与巴雷尔太太身边的一个女佣人发生恋爱关系。那位年轻小姐名叫玛耶·阿巴内斯，她是出生于西班牙的犹太人，生得端庄秀丽，连大仲马都经常向她献殷勤。

科学幻想小说之父　**凡尔纳**

「我是罗比尔」

这位小姐看中了身材高大、腼腆的凡尔纳。有一天晚上,她悄悄地走近他的身边,说她有两张明天的戏票(是大仲马送给她的),问他是否愿意陪她一道前往。凡尔纳闻听大喜过望。

第二天,他们一道去看戏。散戏后,又在塞纳河边的一家幽静的小餐馆就餐。那天夜晚,这家小餐馆顾客很少,只有两三对情侣,在茶色的暗淡光线下,合着轻悠如潺潺流水般的乐曲,在说悄悄话儿。这诱人的谈情说爱的温馨气氛,竟使遇见姑娘就脸红的凡尔纳,一下子也变得大胆了,他向她表白了爱情。

玛耶虽然年轻,但在社交场合中也算很有一点阅历的,平时她没少听过男人的赞赏和对爱情的表白,可是她对那些甜言蜜语和绵绵情话,总是敷衍搪塞、装聋作哑。但是,这次她却被凡尔纳的爱情表白所打动,她真的动了情。

文学艺术家卷　037

第二天早晨，玛耶在凡尔纳的冰冷的房间里醒来后，感到脸上一阵发烧。这时，房间的主人已经不见了，在床边桌子上留下一张纸条：

"请小姐原谅那个昨天深夜把你带到这间简陋的宿舍里来并想侮辱你的可怜的男人吧！"

那位姑娘看罢嫣然一笑，随即在那张纸条下边空白部分写着：

"我将在同一个地方等你。相信我，你的床铺是我曾经睡过的最舒适的床铺。"

这一年，凡尔纳刚满20岁，而玛耶则是对他所奉献的爱心给予同样回报的第一个姑娘。他俩的恋爱关系持续了一段时间，但终因她不愿为爱情而吃苦受罪，而宁愿过一种轻松的生活。玛耶决定同一位来自里昂的工业家结婚，于是这段开端良好的情缘也就告吹了。

←预言了飞机的作品《征服者罗比尔》

亚眠之行

> 人在希望中长大……路不平坦,我们这一辈子人本来谁也不曾走过平坦的路,不过,摸索而碰壁,跌倒了又爬起,迂回而再进,这却各人有各人不同的经验。
>
> ——茅盾

1856年5月8日,对凡尔纳来说,这是极不平凡的一天。这一天,他乘北行列车去亚眠。他到那里去参加好友勒拉热与埃梅·德·纳亚纳小姐的婚礼。

当时,凡尔纳本人也没有意识到,此行竟成为他一生中的重大转机之一。他原打算在亚眠停留两天,可是由于德·纳亚纳一家的殷勤款待,竟使他在那里滞留一周。

那是一个淳朴、和睦而又好客的家庭。这个家庭的每个成员都笑容可掬、和蔼可亲,凡尔纳的诙谐幽默、善于辞令的天性,与那里和谐愉悦的气氛简直是水乳交融,使他有一种"宾至如归"的亲切感。

然而，这一家对他最有吸引力的，还是因为有两个他爱慕和尊敬的人：

一个是新娘的姐姐、年轻的寡妇奥诺里娜。这个女人又勾起他痛苦的回忆，使一个好不容易被他忘却的面容和身影又出现在他面前。她那么俏丽、标致，满脸春风，笑口盈盈，仿佛世间又出现了第二个卡罗琳。

奥诺里娜不仅长相酷似卡罗琳，而且性格也极其相似：她们都那样的活泼、开朗、娇媚、轻浮，而且略带些傻气。

大概是初恋的激情又在他身上复苏的缘故吧，在亚眠那些日子里，他终日沉浸在对幸福的渴望所激起的翻滚的心潮中。他深深地爱上了那位身材修长、仪态端庄、衣着整洁的26岁的年轻寡妇。

另一个对凡尔纳产生很大影响的是与他同龄的年轻

亚眠素有『北方威尼斯』之称

人，他是亚眠的证券经纪人，他赚了很多钱，是一个很招人喜欢的小伙子。

后来的事实表明，凡尔纳在亚眠遇到的这两个人，对他的人生都产生了巨大的影响：年轻的寡妇影响并决定了他的婚姻大事；年轻的经纪人影响并改变了他的人生经历。

具体地说，他想与年轻的寡妇结成秦晋之好，娶她为妻；他想与年轻的经纪人合作，参与证券交易。

当然，这两件事都是有关他人生道路上具有方向性的重大抉择，他必须征得父母的同意。正像他以往在重大事情上同父母打交道时一样，他善于运用策略，甚至有时为了实现自己的愿望，还要些小手段。在这两件事情上，为了按自己的意志行事，并要取得父母的赞许和支持，他分别给父母写信，给母亲写信只谈有关婚姻大事，不涉及改行搞证券生意问题，因为做母亲的对儿子的终身大事最关心，曾屡次三番催促他快成家。这件事似乎母亲具有更大的决定权，只要她点头应允，事情也就好办了。他运用同样的策略，在写给父亲的信中，他只谈向老父索取一笔进证券交易所的入股资金的问题，避而不谈要娶年轻寡妇那件事。这是因为父亲对择业问题最关心，并且他握有家庭的财政大权，事关钱财的事，不得到他的许可，是绝对不行的。

凡尔纳的父亲接到他的信之后，又惊异又伤心："这孩子是怎么了，他到底想干什么？"想当初他不听劝告，放弃了法律事业去搞文学，到头来只编出几个意义不大而又短命的剧本，暂时没有明显的成就也罢，

科学幻想小说之父　**凡尔纳**

既然想当文学家，那就忍耐一时的平庸，继续奋斗下去吧。可如今又心血来潮，要到金融界去闯荡了。金融界是那么好混的吗？它比文学界更为可怕，尤其对他这样一个没有学过金融专业、不懂生意经的人，搞这种风险很大的行当，怎能让人放心呢？但是，在儿子的多方说服和辩解之下，他还是屈服了晚辈的意志，

→亚眠

文学艺术家卷　043

←古朴的亚眠小城

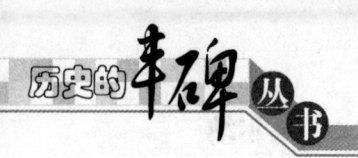

虽然不很情愿但总还给儿子提供了一笔资金。

凡尔纳进证券交易所的决定得到了父亲的许可之后,为了彻底解除父亲的担心和疑虑,同时也为他得寸进尺地提出婚姻问题制造舆论,他在给父亲的一封信中写道:

这并不是说我放弃了文学创作,文学创作仍然是我所选择的职业。我只是想同时从事另一种更为有利可图的职业,我要给自己创造一个像样的地位。我厌倦了孤独的生活,这一切只不过证明,主要是我已经到了需要温柔伴侣和牢固结合的婚姻的年龄了。目前,我的内心极端空虚。

　　最后，我要重申，只要我一味追求名望，就不可能同时也求得婚姻。坦率地说，我完全厌倦了我的单身生活。我的"光棍俱乐部"的伙伴们同样如此。总而言之，尽管在您看来这可能有点可笑，但我目前需要的就是幸福，既不奢望，也不将就。

　　为了经营证券生意，凡尔纳先跟一个名叫吉普赖

← 亚眠

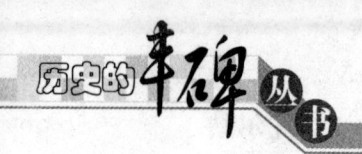

恩的证券经纪人当短期学徒。过了一段时间，他再度向家里提出和奥诺里娜结婚的事。其实，他的父母早就把这件事放在心上了，并对弗雷塞·德·维亚纳家庭做了一番调查。结果发现，这是一家出身名门的望族，年轻的寡妇是位品德端庄的女子，其父是一位前骑兵队长，在当地很有威望，其母是一位聪颖贤惠的家庭主妇。

1857年元月10日，凡尔纳与奥诺里娜在巴黎举行了婚礼。婚后的生活是在普瓦松尼尔林荫大道的那间房子里开始的。以后的几年中，他们曾多次搬家。可是，不管搬到哪里，他们住的地方总是不宽敞，因为不论有多大的房间，都会被男主人的书籍和手稿塞满的。

  从1857年到1863年间，凡尔纳一面做证券交易生意，一面继续不停地写作。但是，无论是结婚后的家庭生活，证券交易所的生意，还是文学创作，都不能冲淡他儿童时代就萌生的远航冒险的兴趣。

  1859年7月，他的好友阿里斯蒂德·伊格纳从他的远洋运货代理商父亲那里弄到两张免费船票，提议与凡尔纳做一次海上旅行。这是凡尔纳多年来梦寐以求的事情，他自然不会放弃这个极为难得的机会。

  他们在7月底起程驶往苏格兰。从法国的波尔多

港到英国的利物浦港，这是一次他梦想了多年的真正航海旅行。利物浦港的繁华以及英国人的自由奔放，给他留下了深刻的印象。

←气势恢宏的亚眠圣母院

在利物浦港上岸后，他们又乘车北上，一路上，他们饱览了苏格兰乡野的碧绿景色，参观了爱丁堡的森严大炮门，观赏了充满全裸人群的海滨浴场。

在这次旅行中，使凡尔纳印象最深的是芬格尔大岩洞的景观。这是一座令人感慨万千、心醉神迷的艺术宫殿，不过那里的"艺术品"不是出自于人世间精工巧匠之手，而是由大自然的鬼斧神工所创造。

从岩洞口放眼望去，仿佛在辽阔的天空截取一段弧形的天幕。幕下展现出一派极为美妙的图景：海面波光激荡，宛如碎银抖动，滩岸黄沙铺展，恰似堆皱一片金粉；洞壁上，石笋、石砬荟萃，千姿百态，光怪陆离；飘忽的浮影，为岩洞增添了几分迷幻的诗意；

科学幻想小说之父　**凡尔纳**

→《大臣号遇难者》主人公德·日·卡扎隆先生

当一片浮云掠过洞口，霎时间，洞内一切变暗了，显得阴森恐怖；而当阳光再度透过云隙，直抵岩洞尽头，洞中的一切便染上彩虹的七色，闪闪烁烁，犹如步入珍奇的宝库……

在这富于浪漫主义色彩的岩洞的游览，对凡尔纳后来从事科幻小说的创作起了很重要的作用。这一方面是由于芬格尔大岩洞的种种奇特现象，引起他对自然界中某些未知的和神秘事物的想象，因此，这个大岩洞就成为他幻想的发源地；另一方面，大岩洞的实景，又成为他的一些科幻作品中景色的母体，在《地心游记》《神秘岛》《黑钻石》等作品中的景色描写，都不难看出其中有芬格尔大岩洞的影子。

那年冬天，他把这次旅游写成了一本小说，虽然情节描写极为细腻，但这本书从来没有出版过。

文学艺术家卷　049

1861年夏季，凡尔纳的妻子奥诺里娜将为这个家庭增添一个小宝贝。但是，这个喜讯也没能阻止凡尔纳和伊格纳一起进行另一次航行的计划。这次是去斯堪的纳维亚半岛，观赏挪威、瑞典和丹麦等国的风光。考虑到妻子产期的临近，他不无惋惜地缩短这次旅行的时间，等他8月初返回巴黎时，儿子出生了，取名为米歇尔。

对于这次旅行，有人责备他缺乏为父之情，不过从后来他对不成器的儿子的关心和操心的程度来看，说他缺乏为父之情有点言过其实；如果说他欠缺为夫之道那倒是恰如其分的，对于一个家庭，他从来就不是一个称职的丈夫。

相比之下，奥诺里娜是个很合格的妻子，她勤恳地操持家务，耐心地养育子女，殷切地关怀丈夫，尤其是善于烹调技艺。可是凡尔纳对这一切并不欣赏，由于他的兴趣都集中到文学创作方面，加以当单身汉时染上的得过且过的自由懒散的习惯，使他不仅把应尽的照料家庭的义务当成负担,而且连妻子对他过分温柔体贴,都感到是一种干扰凝神思索的精神负担。像这样不顾家又不识抬举的男人,难免要伤害一个贤妻良母型女人的心。

尤其令人难以容忍的是,在他去斯堪的纳维亚半岛旅游期间,把一位身怀六甲的妻子抛在家里,在家信中竟找不出一句关怀体贴的词语。这种性情冷漠的表现,无疑为爱拨弄是非的人制造口实。

有一天,奥诺里娜接到了一封匿名信。信中说她丈夫在上流社会的交际场与一个女人关系暧昧。等她向他责问此事时,他勃然大怒,粗暴地把信扔出窗外,并气急败坏地喊道:"你……你竟敢怀疑我的忠诚,荒谬,实在太荒谬啦!"他越说越气,竟冒出一句非常欠考虑的话:"退一步讲,即使信中说的都是事实,那又怎么样呢?管你什么事……"

这话深深地刺痛了奥诺里娜的心,她在一气之下要离开他回娘家去,他毫不示弱地说:"随你便,你愿意到哪儿就到哪儿!"

第二天,凡尔纳有点悔悟,觉得头一天的话太过分了,向她道歉、请她原谅,用哀求的口吻说:"对不起,我是那种不知好歹、不懂怎么把事情办好的可怜虫。"

其实，做这类道歉和检讨都没用，这不是他一时态度粗暴和言语不周的问题，根源在于使他困惑并为之苦恼的理想和追求，始终没能够得到实现。在他的一生中，能使他真正感到快乐的不是婚姻和家庭，而是文学创作的成功。但是他与这种成功似乎是无缘的，他还看不到成功的希望。正是这一点，使他感到生活的不遂心和不如意，在内心中总潜伏着一股对他人（妻子、家人和朋友）一触即发的怒气。

像凡尔纳这种人与任何女人结婚，在他事业获得成功之前，都不会感到幸福，他应该与理想和事业联姻。

对凡尔纳来说，写小说是使他从尘世间名利的倾轧和私人感情生活的困扰中解脱出来的最好的方式，是为他的激情和兴趣找到归宿的唯一途径。勤奋地写作，可以使他对妻子和家庭的要求（虽然这些要求对于一个正常人来说一点也不过分）置之不理。小说的内容和意境，为他提供了变幻无穷、庞大无比的神游空间，使他得以摆脱与奥诺里娜一起过着的小市民的单调乏味生活的冲击波，遁入到奇异的幻想境界。在那里，个人英雄主义、内心的勇敢行为，都被自己笔下的无所畏惧的勇士的精彩表演体现得淋漓尽致。

位于法国东北部亚眠市的凡尔纳公立大学

步入成功之门

> 在创业时期中必须靠自己打出一条生路来,艰苦困难即此一条生路上必经之途径,一旦相遇,除迎头搏击外无他法,若畏缩退避,即等于自绝其前程。
> ——邹韬奋

在为一个伟人作传的时候,首先,总要在他涉猎的领域内,寻觅他的脚印,以便发现他为理想和事业而奔波的人生轨迹;其次,还要寻求他生活中的重大转机和引路人,以便揭示他走向成功的动因。

首先,对凡尔纳来说,在发表第一部科幻小说《气球上的五星期》之前,他在文学领域曾走了很长一段艰辛、曲折的探索之路。这期间,他写了大量的戏剧作品,但成就甚微,如果按这条创作道路走下去,他很难看到成功的希望,充其量到头来成为一名四流的剧作家。但是,命运并没有辜负他,为他提供了成功的转机。几次重要的海外旅行,使他及时扭转了人生的航向,终于在探险题材的科幻小说创作中发现了

科学幻想小说之父　**凡尔纳**

自己的才能,找到了自己在文学殿堂中的位置。

其次,凡尔纳所获得的成功,在于他的科幻创作立足于神奇的探险、大胆的幻想和坚实的科学,这些是他成功地创作科幻小说的三大要素。

对一个研修法律的人来说,这些素质本来是与他无关的。但是,由于他勇于实践,勤于思考和善于学习,对国内外名人学者的长处兼收并蓄,终于为自己塑造出一个科幻作家所必备的各种品格和素质,这就是探险的精神、幻想的本领和科学的态度。

在凡尔纳成为科幻小说的鼻祖之后,回首往事时,他一定不会忘记下列一串名字。他们是:大仲马、阿拉戈、伊格纳、纳达、笛福、司各特、费尼莫尔·库珀、爱仑·玻和赫策尔等。

→大仲马

这些人中,有的是他学习的样板和业师,有的是与他同甘共苦过的伙伴,有的是他的精神导师和引路人,有的是他事业的可靠支持者。

大仲马是凡尔

←大仲马故居

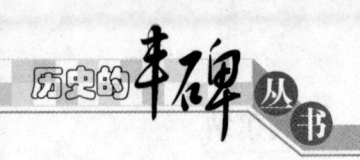

纳所尊崇的文学界的偶像之一，也是赏识他的才能并给予殷切关怀和指导的一位良师。这位《基督山伯爵》的作者，不仅以自身在文学领域的杰出成就，成为激励凡尔纳在文学事业上不断拼搏进取的力量源泉，而且在他从事戏剧和科幻小说创作中，也给予了不少的帮助和鼓励。

阿拉戈是一位富于探险精神的旅行家，他在双目失明后，依然到处旅行。这位见多识广的旅行家，曾以写了《环球旅行》一书而闻名于世。凡尔纳从他口中听到许多自然界中的珍闻奇事，比如，他在南美洲曾遇到一种长达十几公里的巨大的蔓生植物，他顺着这种植物的枝蔓，竟从很远的地方爬到里约热内卢的一座小山上去。凡尔纳不仅从他讲述的故事中为后来

科学幻想小说之父　**凡尔纳**

的科幻小说创作积累了素材，而且更重要的是，他的热爱大自然，勇于寻幽探险的精神，给他以激励和启迪，并使他深深地爱上了地理科学。

伊格纳是凡尔纳青年时期的好友，是以凡尔纳为首的"11条光棍"俱乐部的成员之一。这个俱乐部的11名男青年，志趣相投，经常在一起聚餐、闲谈。伊格纳与凡尔纳过往甚密，两人曾合住在巴黎博纳·诺维尔林荫大道的一幢大楼最上层的一套房间，两人轮番地穿着仅有的一套西装和一双漆皮鞋，出席约米尼、玛丽安妮、巴雷尔等贵妇人的沙龙。1859年去苏格兰和1861年去斯堪的纳维亚半岛，这两次对凡尔纳的写作生涯有重大影响的海外旅行，都是与伊格纳结伴而行的，如果没有他的参与，凡尔纳是很难成行的。

纳达是凡尔纳一生中交结的重要人物之一。他原本是一位美术家，与凡尔纳相识时他已改从事摄影了。他尤其喜欢高空

→"大臣号"是一艘漂亮的三桅帆船

摄影，后来创立探测摄影。由于高空摄影的需要，他有时带着照相机坐在被气球高高吊起的筐子里，因而渐渐地对航空科学着了迷。

纳达创立了一个"航空旅行"的团体，凡尔纳也参加了。纳达以巨资建造的"巨人号"高空大气球，于1863年在巴黎练兵场腾空而起。在纳达的影响下，凡尔纳对气球也着了迷。他认为气球是幻想的财富，早在纳达为建造"巨人号"气球而四处奔走筹集资金的时候，凡尔纳已经在幻想中乘坐气球去中非探险了。可以说凡尔纳敲开科幻创作之门的第一篇科幻小说《气球上的五星期》以及后来的有关高空探险和旅游题材的作品的问世，都与纳达的影响有一定关系。

笛福、司各特、库珀和爱仑·坡是对凡尔纳文学

科学幻想小说之父　**凡尔纳**

创作产生巨大影响的4位作家，他对他们都极为钦佩，并且不断地从他们的作品中汲取创作经验和灵感。

　　笛福是英国小说家，他的名著《鲁滨逊漂流记》，是凡尔纳儿童时代最喜欢的读物之一，在这类作品的影响下，他对冒险事业着了迷。由于受到笛福笔下英雄人物的激励，他竟模仿着作品中的主人公，做过一件荒唐可笑的事。一天，他假装航海遇了难，跑到卢瓦河中的一个小岛上去，用树枝搭了个棚子，打算仿照鲁滨逊那样，一个人在那儿生活下去。可是，不久饥饿就把他征服了，使他真正体会到，对那些海上罹难者来说，在荒岛的避难生活绝不是像他想象的那样

富有诗意。他趁着河水退潮,便匆忙弃棚逃跑,回到家里狼吞虎咽地吃起饭来。

笛福的作品不仅激发起他的冒险精神,而且也影响着他的创作风格,他的淡化爱情的纠葛、注重冒险精神和传奇色彩的写作特点,就是师法笛福派写作传统的结果。

凡尔纳《培根的五亿法郎》有时又叫《印度贵妇的五亿法郎》

司各特、库珀和爱仑·坡是对凡尔纳影响很深的3位浪漫主义作家。库珀和司各特笔下的美国原始森林和寒冷而多雾的苏格兰高地,都成为凡尔纳少年时代美妙神奇的幻想世界。爱仑·坡作品中惊天地泣鬼神的爱情宣泄、探究密码和暗藏财产的乐趣以及异想天开、怪诞离奇的观点,也曾使凡尔纳着迷。

这些浪漫主义作家,除了对凡尔纳的兴趣、爱好

科学幻想小说之父 **凡尔纳**

以及心理素质的形成产生影响之外,他们在文学园地上也为凡尔纳提供了培植小说新品种的母本。具体地说,他们通过对神秘的事物、离奇古怪的情节的描写,在读者面前展示出一个自由驰骋的幻想世界,他们开辟了创作幻想小说的先河。而凡尔纳在他们的异想天开的幻想基础上嫁接了科学,使原来漫无边际的幻想,开始接近实际,符合科学,从而在小说百花园中又培育出一种奇葩——科学幻想小说。因此,如果说司各特、库珀和爱仑·坡是以写幻想小说见长的浪漫主义派作家的话,那么凡尔纳就是以写科学幻想见长的科学浪漫主义派作家。

凡尔纳的第一部小说《气球上的五星期》,就是科学与幻想相融合的实例,在这部小说里,他把机械学和地理学、气球和非洲探

→凡尔纳科学幻想小说中的模型:维多利亚号《气球上的五星期》

文学艺术家卷 061

险巧妙地结合起来，创作了引人入胜的故事。

气球，是当时凡尔纳和发明家、探险家特别感兴趣的东西，这也是公众关注的一个热门话题。对于气球来说，其最大的技术问题在于，它在长距离飞行中很难控制。

对气球的控制包含两方面的内容：其一是上升或下降的控制；其二是水平飞行方向的控制。

解决第一个问题的方法，是通过增减重量或浮力来实现的，比如，抛出沙袋，气球便上升，放出一些气体，气球就下降。

解决第二个问题的方法，是通过等待能使气球按正确方向飞行的风来实现的，亦即风向决定气球飞行的方向。

由于气球操纵如此复杂，因而在长距离飞行中事

科学幻想小说之父　**凡尔纳**

故也就频发。前文提到的纳达建造的"巨人号"气球，在首次飞越欧洲大陆时因失控而坠毁了。

凡尔纳则像一个发明家或技术革新者那样，绞尽脑汁解决自己小说里《维多利亚号》气球的飞行方向和升降的控制问题。为此，他设计一个精巧的装置，它能使氢气受热，气球因受热膨胀而上升；反之，如停止对氢气加热，则因气体在高空变冷体积缩小而下降。

他不厌其详地用几页纸的篇幅对"自己的发明"进行"科学论证"。但是，懂化学的人都知道，对混有空气的氢气加热是多么危险，达到燃点便会发生可怕的爆炸事件。不过，宽宏大量的读者被他的科学用心所感动，而不再苛刻地抨击他因知识不足而造成的对安全措施的疏忽。

1862年夏天，凡

俄国文学家列夫·托尔斯泰曾给孩子们耐心地讲述凡尔纳的作品，当他发现《八十天环游地球》没有插图时，为了帮助孩子们理解故事情节，他竟然每天晚上用鹅毛笔亲自为该书描制插图。

文学艺术家卷　063

漫步太空《航行：儒勒·凡尔纳的启发》游戏

尔纳带着他的第一部科幻小说手稿，去见《两世界评论》的创始人弗朗索瓦·比洛茨。

这篇新故事使比洛茨觉得耳目一新，他准备接下稿子，在他的杂志上发表，但没谈稿酬。

凡尔纳问："请问，您准备付多少钱？"

"付钱给你？"主编大人的惊讶口气，使人觉得他好像听到一个意想不到的问题，于是他毫不掩饰自己的真实情绪："我们的杂志一向是不给无名之辈支付稿费的。你应该知道，我接受这篇故事是出于一种偏爱，在《两世界评论》上发表它，这对您已是一个很大的荣誉了。"

"对不起，先生，我的经济情况可不允许我接受这样一种荣誉。"

这年秋天，他决定到雅各布街18号那家赫策尔出版公司去碰运气。这位出版商使他时来运转,平步青云!

赫策尔是书商兼出版商,本人又是才气横溢、文笔犀利的作家。他曾与人合作创办过《国民报》和《画报》杂志。

1843年,他独创了一家很有特色的出版社,与当时的著名作家巴尔扎克、缪塞、乔治·桑、诺迪埃、维亚多特、雅南等人保持着密切的联系。

同时,他还是一位儿童读物的出版家,正计划办一份寓教育于娱乐的杂志,目前正在物色一位作家来写能在该杂志连载的作品。

看来凡尔纳来的正是时候,赫策尔在他的卧室里,接见了略显局促不安的来访者。凡尔纳进屋后说明来意,交出手稿并简要地介绍了他的创作提纲,主人立即明白来者非等闲之辈。他翻阅了几页稿纸,他的印象得到了进一步的证实:这位年轻人的创作意图并非虚无缥缈,他的写作功底也

→丹尼尔·笛福

法国金币上的凡尔纳和他的《气球上的五星期》

非常扎实。

作为行家里手,他当即对作品提出几点颇有见解的修改意见。作者本人对他的看法表示叹服,乐于遵照易稿。宾主商定,待作者将原稿审阅修改之后,再谈出版事宜。

两周后,他带着修改完的稿子来见赫策尔,这次,稿子被采用了。小说的题目最后定为《气球上的五星期》。

凡尔纳的小说第一次被采纳,其激动的心情是可以想象的,他当即又向赫策尔讲述他想写一系列丛书的计划。在这些书里,他将描写已知的和未知的世界,描写当代伟大的科学成就和未来的科学展望。

赫策尔闻听不禁喜出望外,他敏锐地意识到,他不仅发现了一个能给他写连载作品的撰稿人，而且发现了一颗文学新星，一个具有独到见解的天才。

于是，赫策尔立即与他签订了一份合同：凡尔纳答应每年向赫策尔提供3卷作品，而赫策尔则同意以每卷1925法郎的价格获得这些作品的全部所有权。

尽管对凡尔纳来说，这不是一份最合理的合同，但是，他还是因为找到了一个可以持续为他出书的出版商而心花怒放。

《气球上的五星期》写的是英国一位旅行家赴非洲探险的故事。说的是，英勇无畏、久经考验的探险家费尔久逊博士，在伦敦皇家学会的支持下，于

邮票里的《气球上的五星期》

1862年开始乘坐气球飞越非洲，以便将非洲的地图测绘完整。

这位探险家对于气球控制的技术进行了大胆的改革：他在一根蛇形管中加热外壳的氢气以便使气球升高，而他只要停止加热便可降低气球的飞行高度。然后再寻找有利的气流控制飞行的方向。

费尔久逊博士及其同伴们从桑给巴尔岛出发，经历各种冒险之后，终于成功地到达目的地塞内加尔。

《气球上的五星期》所取得的成功，成为凡尔纳此后创作大量科幻小说的良好开端，为他成为举世公认的"科幻小说之父"奠定了坚实的基础。

科学幻想小说之父　**凡尔纳**

艺苑采花

> 美是到处都有的。对于我们的眼睛,不是缺少美,而是缺少发现。
> ——罗丹

凡尔纳自从1862年出版了《气球上的五星期》之后,便义无反顾地埋头于科幻小说的写作。书,一本接着一本地写下去。

有的传记作家把他的辛勤劳动称之为"当牛做马"。这种比喻,虽然有些不敬和不雅,但却极为恰当和贴切。

如果把他比作文艺园地的一名园丁,那么经他培育的文学之花,可谓"万紫千红,争奇斗艳"了。

他一生创作了103部科幻小说,如此浩繁的写作工程,不仅令一般读者肃然起敬,也让饱尝创作之苦的同行们胆战心惊。他创作数量之丰,影响之广,不仅使一般作家感到自愧不如,甚至使喜爱他小说的读者,想足读他的全部作品也不大可能。

为弥补这一缺憾,本书特选几本在读者群中影响较大的小说略作介绍，不避挂一漏万之嫌，权作采花集锦。

《地心游记》，1864年出版。

这是凡尔纳基于当时的一种颇为奇特的地质学原理而写成的一部极地探险小说。

当时有人认为，地球内部是空心的，是由5个厚度不同的空心球体套在一起的，并在南北极有开口，阳光穿过开口便形成极光，人们还可以从开口进去钻入地球的内部。

那么，通往地心的极地开口在哪里？探险者在钻入地球内部的过程中会遇到什么问题？这就是这部小说所描写的主要事件。

这部小说写的是丹麦教授莱德布罗克和他的侄儿阿克塞尔，从哥本哈根出发赴冰岛，去寻找进入神秘的地球内部入口的故事。

起初，寻找入口并不顺利，不久

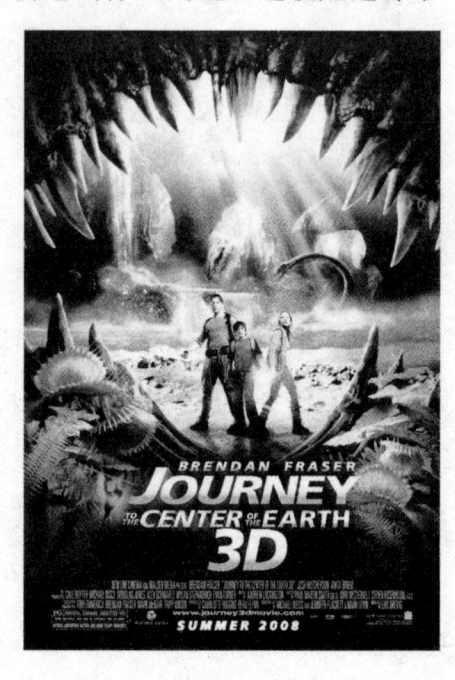

← 取材自凡尔纳作品《地心游记》的3D电影剧照

科学幻想小说之父　**凡尔纳**

→《地心游记》剧照

教授在一本旧的冰岛文书籍中，发现了一份密码文字的手稿，他侄儿在无意中帮助他破译了密码。那段密码的大意是：

从斯奈弗·姚可的陷口下去，7月份以前斯加丹利斯的影子会落在这个陷口上，勇敢的勘探者，你可由此抵达地心，我已经到达了。

阿恩·萨克奴姗。

博闻多识的莱德布罗克教授立刻知道，这个阿恩·萨克奴姗是谁。他原是16世纪冰岛的一位炼金术士，因为是个异教徒而遭受了惩罚。

叔侄二人在这条神秘信息的启迪下，靠着一位冰

文学艺术家卷　071

岛向导的帮助，沿着当年萨克奴姗的路线，历尽千辛万苦，终于进入地球内部……

《从地球到月球》，1865年出版。

这是一个关于遨游太空的设想和宇宙旅行的故事。这个故事的梗概是这样的：

有一伙性情草莽的热心人与一些退役的炮兵，组成了一个"巴尔的摩大炮俱乐部"。他们大多数人无所事事又毫无牵挂，并且对安闲太平的日子感到无聊和厌倦，总想做一件富有刺激性并能引起轰动的事。

一天，该俱乐部主席英比·巴比突发奇想，提议向月球发射一枚炮弹。这个提议得到了热烈的赞同，并迅速付诸实施。

当发射的一切准备工作接近尾声时，"大炮俱乐部"接到了一封奇怪的电报。电报是从巴黎打来的，发报人要求乘坐这枚空心

科学幻想小说之父　凡尔纳

炮弹到月球去旅行。这位发报人就是誉满全球的探险家米歇尔·亚尔当。

该俱乐部为满足这位探险者的要求，相应地修改了试验计划，把空心弹重新设计成一艘具有隔壁的宇宙飞船。后来，亚尔当和另外两位同行旅伴被装入宇宙飞船的密封舱，在一声巨响中被送上了蓝天。3位空间旅行家的命运如何？他们能否与地球保持联系？小说遗留下几个未解之谜结束了。

《格兰特船长的儿女》，1868年出版。

这篇小说所描写的是，格列那凡爵士带领新婚的妻子海伦以及被他们夫妻收养的孤儿玛丽和罗伯尔，去寻找这两个孩子的亲生父亲——在南纬37°的某地遇难的格兰特船长——并做了一次环球旅行的故事。

格列那凡的"邓肯号"游船在阿兰岛附近的海面上试航期间，水手们从一条捕获的鲨鱼腹里取出一只

文学艺术家卷　073

酒瓶子。从瓶子中发现一份毁损十分严重的文件。那用英、法、德3种文字写成的文件，正文只剩下如下的难以弄清完整意思的残字断句：

1862年6月7日……三桅船"不列颠尼亚号"……格拉斯哥……沉没……戈尼亚……南半球……上陆……两名水手船长格……到达……大陆……被俘于……野蛮的……印第……抛此文件……经度……和纬度37°11……乞予援救……必死……

爵士及其同伴们对上述只言片语略加分析和补充，便弄清了文件的大意：格兰特船长指挥的三桅"不列颠尼亚号"航船，在南半球的巴塔戈尼亚沿岸沉没，两名水手和他们的船长试图登上大陆，不幸在南纬37°11的地方被印第安人俘获，危在旦夕，乞求援救……

南纬37°线贯穿着南美洲特里

← 《格兰特船长的儿女》法语作品

科学幻想小说之父 **凡尔纳**

斯坦达库尼亚群岛、阿姆斯特丹岛、澳大利亚大片国土以及新西兰东侧的玛丽亚泰勒萨岛等幅员辽阔的地域,到何处去寻找遇难的船长呢?

远征者们历尽艰险,在南美洲寻找船长一无所获,于是他们又取道特里斯坦达库尼亚群岛向澳大利亚进发,但横跨澳大利亚南部,并涉足新西兰领域,仍不见船长的踪迹。

在返航途中,曾一度在太平洋的玛丽亚·特丽萨岛停泊上岸。在一个万籁无声、漆黑的夜晚,玛丽和罗伯尔被呼救的喊声所惊醒:"救救我呀!救救我!"

两个孩子都认定是父亲的声音。果不其言,在第二天早晨,他们终于救起"不列颠尼亚号"探险队劫后余生的3位幸存者:格兰特船长和两名水手……

→《海底两万里》

《海底两万里》,1869年出版。

1866年,航海人员曾在海上多次

文学艺术家卷 075

凡尔纳著作《海底两万里》

遇到一个神秘的怪物，人们对此传说不一：有人说他看见的是一个移动暗礁；有人说目睹的是一只巨大的野兽……

为了弄清楚这个怪物的真相，美国政府派出一条探险船追踪这个神秘的怪物。在这条船上执行探险任务的有巴黎自然博物馆的阿隆诺教授及其助手孔塞伊和一个加拿大的捕鲸手内德·兰德。当他们发现并逐渐逼近目标时，探险船却突然沉没了。接着，3位探险者竟梦幻般地发现他们在一艘巨大的潜水艇里。原来他们成了尼摩船长的俘虏。

随后，他们便乘着这条水下的大船，开始了一次

科学幻想小说之父　**凡尔纳**

←凡尔纳《海底两万里》

饶有风趣的海底环球旅行。他们观赏了海底森林和珊瑚王国的瑰丽景观；他们目睹了尼摩从海产资源中提取各种生活必需品的技术细节；也亲眼看到尼摩船长

文学艺术家卷　077

率领随从，在维哥湾的沉船中捞取大量金银财宝的情景。当然，一路上的见闻也并非总是赏心悦目的：他们在南太平洋的瓦里科罗发现了1728年失踪的探险队领导者法国科克船长的遗骸；他们看见了阿特兰提斯兰岛沉没的山崩地裂的图景；也看见了巨大的章鱼袭击商船的凄惨场面。

在这次旅行接近尾声时，潜水艇刚浮出水面，便与南极冰层下的一个暗礁相撞。阿隆诺教授奇迹般地活了下来，尼摩船长和他的潜艇却消失了。这位神奇的船长是否还活着呢？

这就是小说《海底两万里》的故事梗概。

《八十天环游地球》，1873年出版。

在海上通客轮，陆上通火车，但天上无飞机的时代，做一次环球旅行需要多少天？

《八十天环游地球》小说中的主人公斐利亚·福克，同人家用巨额家财打赌，保证在80天内环游地球一周。打赌的条件确定后，他带着雇佣的仆人路路通立刻登程。

恰巧这时英国国家银行发生了一起重大的失窃案，侦探费克斯怀疑盗窃犯是福克。起初，他只是尾随盯梢，后来认定盗窃银行的就是福克，于是他便在福克

科学幻想小说之父 **凡尔纳**

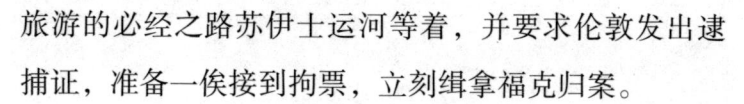

旅游的必经之路苏伊士运河等着,并要求伦敦发出逮捕证,准备一俟接到拘票,立刻缉拿福克归案。

不料,逮捕证姗姗来迟,福克与仆人日夜兼程,费克斯也只好如影随形般地跟踪。福克绝没想到,此一行动不仅作为盗窃嫌疑犯处处被监视,而且一些突发事件接连发生,不断地耽误他的时间,影响他的行程。

到了孟买就遇到了一件意外的事情:原来看报上报道从孟买到加尔各答的铁路已全线竣工,谁知最后一段铁路还在修筑之中,火车把他送到途中停下了,为了继续赶路,福克不得不买了一只大象。

当骑着象穿越森林时,他们又遇到一支殡葬队伍,

儒勒·凡尔纳科幻小说全集插图

一些印度人要让一位年轻美丽的王妃为刚逝世的老土王殉葬。路路通施出一条妙计,搭救出那位名为艾娥达的少妇,于是三人结伴同游。

当他们到达加尔各答时,等候在那里的费克斯制造一种借口,唆使地方当局将他们逮捕起来。福克交了保释金,才得以继续旅行。

暗探一计不成又施一计,到了香港,他趁路路通与主人暂时不在一起之机,将这位仆人灌醉,使他无法向主人通知开往日本横滨客轮的启航时刻,结果他只好一个人迷迷糊糊地上了船。

眼看着这场赌博要输定了,但福克绝不就此认输,他以重金租了一艘领港船,追上从上海开往横滨的另

科学幻想小说之父　**凡尔纳**

一艘客轮。

后来,又经过许多波折,他们三人重新相聚,一起到达美洲。在乘火车从旧金山到纽约途中,火车又遭印第安人袭击,仆人路路通被劫掠而去。福克也顾不得打赌的事情了,奋不顾身地救出了路路通。

由于在途中各种意外事故耽误了他们不少时间,等他们赶到纽约时,他们原计划要搭乘的横渡大西洋直抵利物浦的班船刚启航不久,于是福克又急中生智,搭乘一艘货船到波尔多。一出大海,他便把该船连同全体船员买下,然后,按自己的意愿加大火力、飞快行驶。煤炭烧光了,他毅然决定将船体上层的木板拆下来当燃料。该船到昆斯顿时,只剩下一个可怜的空壳子了。

当福克正打算从昆斯顿乘邮车去都柏林时,侦探费克斯把他拘捕了,后因真正的盗窃犯被捕归案,他才被释放,可是白白浪费掉对他至关重要的几个小时。

文学艺术家卷　081

由于途中种种事故耽误了时间,等福克风尘仆仆地赶到打赌的终点站伦敦时,整整迟误了24小时:原定星期六到达,他却推迟到星期天!这么说,他赌输了,他破产了!

在伦敦的一个富丽堂皇的俱乐部里,所有参与打赌的人都在等待福克的到来。他们确信在预定时刻(8点45分),他无论如何也无法到达了。可是就在最后一秒钟,福克突然出现了,在场的人都惊得目瞪口呆。福克自己弄错了一天,因为他向东迎着太阳升起的方向走,在绕地球转了360°以后,他正好争取了决定输赢的24小时。

结果,还是他赌赢了,不仅保住了自己的财富,而且还得到了一位美丽绝伦的妻子,经过环球旅游的考验,艾娥达愿意做他的终身伴侣。

《神秘岛》,1874年出版。

该书中的人物有

科学幻想小说之父 凡尔纳

工程师、记者、水手、黑人和孩子，他们乘气球时遇到危险，被迫落在一个荒岛上。全部生活来源只能从岛上获取，由于失去了现代人生活的起码条件，他们又回到了当年原始人所面临的困境，一切都得从头开始。

幸亏他们具有现代人的生活经验和聪明才智，使他们不至于再重复人类文明演化的漫长的历史。

在遇难者中，有一位名叫赛勒斯·史密斯的工程师，掌握人类所积累的各种知识，可称得上现代文明的杰出代表。他首先用两块玻璃表蒙子做成聚光透镜，用来取火；他制做了狩猎用的弓和箭；他与同伴采集矿石、挖掘煤炭、制造风箱、堆砌炉子，终于炼出了钢铁。煅造出工具，使荒岛的社会由石器时代跃进到铁器时代。随后，又制取并提纯了几种化学药品，尤其是硝化甘油的研制成功，使他们获得了爆破的能力。

文学艺术家卷 083

遇难者们将一个大石洞改造成宽敞而又舒适的住所。他们在岛上种植了庄稼，修建了畜栏，饲养了一些刚驯服的牲畜。他们还制造了一部电报机，使住所与农垦场能够保持联系。

　　岛上的居民刚刚渡过为生活必需品而奔波劳碌的时期，沉闷的轰隆声又震得人胆战心惊，一场火山爆发的灾难又要临头了。他们急需一艘能逃离火山爆发威胁的远航船。

　　后来，他们得到一条救援信息，指示他们沿着电线的走向逃离驻地。他们照办了，通过一段洞窟，发现有一个洞窟相连内湖。在波平如镜的湖面上停泊着一艘潜艇。他们钻入艇内，发现里面躺着个垂死的病人。此人不是别人，正是凡尔纳在《海底两万里》小说结尾时曾提及的潜水艇触礁后那个生死不明的尼摩船长。

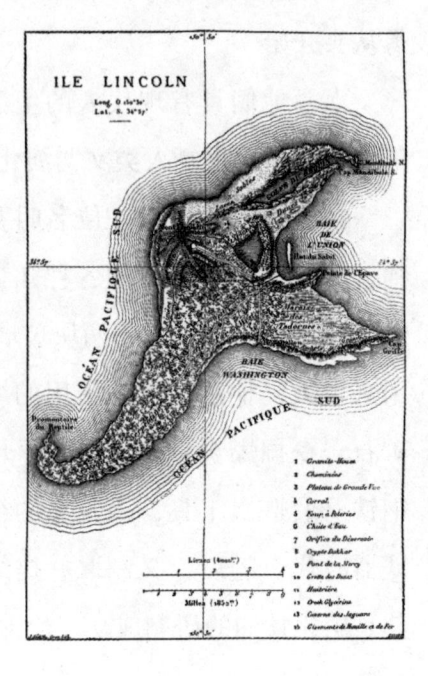

← 凡尔纳笔下的《神秘岛》

科学幻想小说之父　**凡尔纳**

相关链接
XIANGGUAN LIANJIE

《海底两万里》

《海底两万里》是法国著名科幻小说家凡尔纳的代表作。主人公阿隆诺是法国著名的博学家。一次偶遇，阿隆诺和他的仆人孔塞伊以及捕鲸手内德·兰德上了潜艇鹦鹉螺号，成为了尼摩船长优待的俘虏。10个月时间，他们遨游于大海之中，漫步于海底世界，体验着只有"海洋人"才拥有的经历。

《神秘岛》

《神秘岛》是描述在美国南北战争的时候，有5个被围困在南军城中的北方人趁着偶然的机会用气球逃脱了。他们中途被风暴吹落在太平洋中的一个荒岛上，但是他们并没有灰心失望，他们团结互助，以集体的智慧和劳动，克服了重重困难，建立起幸福的生活。他们从赤手空拳一直到制造出陶器、玻璃、风磨、电报机……他们挽救了在附近另一孤岛上独居了12年而失去理智的罪犯（即《格兰特船长的儿女》中被流放的罪犯——艾尔通),使他恢复了人性,成为他们忠实的伙伴。这些荒岛上的遇难者虽然什么也不缺,但是他们并没有放弃返回祖国的努力。一天,他们终于登上了格兰特船长的儿子罗伯特指挥的邓肯号,重新回到了祖国的环抱。这几个遇难者在荒岛上度过的岁月,不断发现不可思议的奇迹。每当他们在危急的时候,似乎总有一个神秘的人在援助他们,原来这人就是《海底两万里》一书中的主人公、潜水船诺第留斯号的发明者、反抗压迫的战士——尼摩船长。

《格兰特船长的儿女》

《格兰特船长的儿女》的故事发生在1864年。苏格兰贵族格里那凡爵士是邓肯号游船的船主,他从海上的漂流物里获得了一份文件,从中得知两年前在海上遇难失踪的苏格兰航海家格兰特船长尚在人间,于是毅然带着船长的女儿玛丽和儿子罗伯特等人，驾驶着自己的游船"邓肯号"去寻找和营救。他们到达南美后横穿美洲大陆，最后发现船长的遇难地点是在澳大利亚海岸。他们乘船到达澳大利亚后，遇见了船长原来的水手艾尔通，上了这个海盗头子的当，又横穿澳洲大陆，被土人俘获后陷入绝境。他们逃脱后重新回到了"邓肯号"，并且见到了被俘的艾尔顿，与他协商：让他说出事实，不把他交给英国警方，让他在一个孤岛上自生自灭。在太平洋里荒凉的塔博尔岛上，不料巧遇格兰特船长，于是一起胜利地回到了苏格兰。本书还描写了人们在大自然里的种种奇遇，其中有地震，有飓风，有狼群；有几百头牛一起陷入泥潭，滔滔的洪水使平原变成海洋；有他们逃离被闪电击中的大树，又碰上潜伏在水里的鳄鱼；真可谓千难万险，扣人心弦。更为动人的是，格兰特船长为了反对英格兰对苏格兰的奴役，到太平洋里去为苏格兰侨民寻找移民的岛屿而遇难，而格雷那万爵士则为了救他的同胞而不惜一切。他们英勇顽强、不畏艰险，体现了凡尔纳反对奴隶制和殖民主义的进步思想，显示出维护社会正义的高尚品质和崇高的人道主义精神。

家庭的烦恼

> 生活已经不是快乐的筵席、节日般的欢腾,而是工作、斗争、穷困和苦难的经历。
>
> ——别林斯基

虽然作为一个作家,凡尔纳已蜚声文坛,名扬四海。但是,在家庭里,他却深居简出,心事重重,少言寡语。按理说,儿子已长大成人,女儿都已出嫁,家里衣食充足,不应该有不顺心和不如意的事儿;其实不然,他的家庭生活一直充满了烦恼。家庭不和主要发生在凡尔纳与妻子和儿子之间。

凡尔纳与奥诺里娜的关系最融洽的阶段,只限于他们从相爱到结婚那段短促时期,自从结婚以后,他们的关系一直就不怎么好。起初,由于凡尔纳过惯了独身生活,缺乏家庭观念,加以他喜怒无常,致使家庭生活很不安宁。后来,他成为著名作家和富翁,在巴黎有过一段大红大紫的时期,结交了不少激进的朋友,并有放荡不羁的经历。相传,他曾有过一些桃色

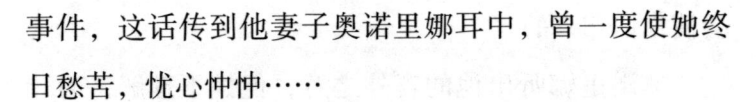

事件，这话传到他妻子奥诺里娜耳中，曾一度使她终日愁苦，忧心忡忡……

自从凡尔纳家由巴黎搬迁到亚眠之后，他便在家庭与社会之间筑起了一道隔离的屏风，他很少与社会交往。但这并不意味着从此家庭内部就相安无事了，一种新的矛盾又产生了。

在亚眠凡尔纳深居简出，在社交方面处于紧缩状态，而他的妻子却不甘寂寞，在社交方面表现出极大的兴趣。在巴黎时期，当他们贫困交加的时候，她整天为家庭的温饱问题操心，自然没有从事社交的闲情逸致，可是自从搬到亚眠之后，她变成了一条小池塘里的大鱼，由于家境的改善，她踌躇满志，并开始对家庭以外的社会事务感兴趣了，与别人交谈以及慈善工作，都成为她日常生活的主要内容。

这个时期的奥诺里娜特别好客；每当慕名者登门造访的时候，她都满面春风地热情接待，同时，也要求丈夫表现出同样的热情来。

"凡尔纳，请你发发慈悲吧，下楼来接待一下吧！"她一面敲门，一面央求道。"快到客厅去吧，几位从远道来的客人都在那儿等你呢。"

"我去有什么用？我不在那儿，你谈起话来不是更自在吗？"凡尔纳并不放下手中的笔，说道："我去只会使你们扫兴的。"

奥诺里娜听出他的言外之意,但她不理解,为什么她不应该享受一下与现在她家的社会地位相称的贵

夫人的荣耀呢？同时，她对他近来在社交场合所表现的冷漠态度和失礼的行为表示惊讶和不满。

有一次，为庆祝凡尔纳的剧本《米歇尔·斯特罗戈夫》演出100场，一位亚眠的女主人邀请凡尔纳吃饭。为了表示隆重待客的诚意，女主人煞费苦心地做了两件意在讨客人欢心的事：一件是将那天晚上赴宴的最漂亮的女人安排在凡尔纳身边；另一件是在餐桌上放一幅与他一部小说内容有关的立体绘画，画面上展现出他笔下的英雄曾拯救过的一座俄罗斯城堡。而凡尔纳呢，对女主人的良苦用心，并没领情，甚至连出于礼貌的反应都没有。在整个宴会进程中，他对身边的漂亮女人冷若冰霜，几乎一句话也没说；对餐桌上那幅表示对他景仰的立体画，也佯装不懂其意而无动于衷。

他为什么会这样呢？原来他近来心情很不好，除了奥诺里娜一反常态地爱出风头让他心烦之外，更主要的是他那不争气的儿子米歇尔叫他操心和烦恼。

米歇尔从小就是个难以管教的顽童，加上受奥诺里娜的百般娇纵和溺爱，在少年时代就养成了一身胡搅蛮缠的恶习，到了青年时代越发不可收拾，无法无天了。

为了教育好这个桀骜不驯的孩子，做父母的挖空

心思想出了一般人难以想象的办法：先是送他进了阿布维尔的一所学校，然后送进一所疗养院，尔后又把他送进南特一所寄宿学校，最后，这对夫妇竟孤注一掷地采取了极不寻常的措施：他们决定授权地方法官，把米歇尔关进监狱，教养一段时间。在即将把米歇尔

科学幻想小说之父　**凡尔纳**

下狱的时候，凡尔纳得知有一艘三桅帆船将要启航开往印度，他又改变了主意，送儿子到这艘帆船上去当学徒船员。

这本来应该是一种惩罚，不料米歇尔在帆船途经好望角和印度洋上的法属留尼汪岛与毛里求斯岛的时候，沿途观赏了他父亲多年来一直梦寐以求的海上奇景，他反而爱上了航海事业。但是，等他从海外归来后，仍恶习不改，依然像从前一样过起放荡不羁的生活。

不久，米歇尔离开了家庭，在市内租房居住，并且与本市戏院的一位名叫迪加宗的女演员热恋起来。凡尔纳反对他们恋爱，反对他们结婚，但这都没用。1880年3月

凡尔纳的晚年不是十分幸福，创作减少并进入衰弱期，其《喀尔巴阡的古堡》有一定的自传性，表现了生活中隐秘的侧面。

底，米歇尔带着女歌星，悄悄地在外地结了婚。可是这位用情不专的没长性的男人，不久就对随妻子的戏院各处飘游的生活感到厌倦了，随即家庭出现了裂痕。

米歇尔骑着高头大马整天走街串巷，貌似浪游闲逛，实则寻找另一个被追逐的对象。很快他又发现一个猎取的目标，她是一位学音乐的女学生。这位16岁的少女经常发现一位风度翩翩的骑手从窗前经过，一经交谈，她便被他出众的口才迷惑住了。

这位名叫让娜的小音乐家，很快便被米歇尔拐走了，等这位不幸的女孩得知他已经结婚时，追悔莫及。她母亲气得发疯，四处寻找那个诱拐她女儿的小坏蛋，又恰巧找到凡尔纳家，两家人恶语相加不欢而散。

凡尔纳出于代子偿过的动机，将被米歇尔遗弃的弃妇迪加宗接到家里来，给予热情的关照。他突然发觉这位年轻女人不仅很有教养，而且具有许多招人喜

科学幻想小说之父　**凡尔纳**

欢的品质。因此,他颇有后悔之意,想当初如果他不强烈地反对她与儿子的亲事,而把她当作家庭一员来接待,也许不会把儿子逼到对抗家庭、玩世不恭的死胡同中去,因而也就不会造成他们夫妻离异的悲剧。

凡尔纳希望儿子能回心转意,在胡闹一阵之后,能重新回到迪加宗身边。怎奈米歇尔坚持再次结婚,这使凡尔纳极为失望,但他又无回天之力,只好安慰

和支持那位可怜的弃妇,给她一份数目可观的抚养金。

　　这位年轻艺术家心肠很好,并很明智,当她得知那位被米歇尔拐走的女人是个比她更年轻幼稚的少女时,她自动隐退,同意离婚。因此米歇尔才得以与让娜结婚。

　　米歇尔这小子也真命好,他的第二任妻子又是个聪明贤惠的女人。在让娜的耐心而又得法的归劝和引导下,这位浪子终于回头了。他创办过企业,也涉足过报界,虽然都不很成功,但他毕竟是想做些正经事了。后来,他还开创过矿业、造纸业、银行业和电影制片业,并参与了1900年巴黎"世界博览会"的准备工作。

　　米歇尔的改邪归正终于感动了父亲,父子俩言归于好了。但是,由于长时期为儿子的混乱生活和越轨行为而感到痛心和担心,已经严重地影响了凡尔纳的身心健康,加之他精神失常的侄子的侵扰,更使他愁思和忧虑的心病加剧。

　　1886年3月9日下午6时许,凡尔纳由街上返回住宅,当他打开住宅大铁门上的那扇小角门儿时,"砰"一声枪响,一粒左轮手枪的子弹打在石阶的立面上。凡尔纳以为是谁在搞恶作剧,正四处张望时,第二声枪又响了,鲜血从他的腿上渗出来,子弹嵌入胫骨。

科学幻想小说之父 **凡尔纳**

邻居刚好路过此地,奋勇擒住凶手。凡尔纳忍痛定睛一看,行刺者竟是他的亲侄儿——他弟弟保罗的儿子加斯东!这个小伙子平时与伯伯的关系很好,曾一起航海旅游。后来,加斯东到外交部门任职,繁重的工作使他得了精神分裂症。不知是什么神差鬼使,竟使他要行刺伯父。

凡尔纳的伤势很重,子弹取出后,被击碎的骨头

虽然愈合但却错位了。这次枪伤使凡尔纳变成个跛子。从此，他更加郁郁寡欢，忧郁症日趋严重。他坐卧不安、反复无常、动辄发怒、古怪忧郁、心如止水，无论对娱乐或严肃工作，他都感到厌恶、乏味。他对自己的精神和心态，早有深切的感受和体验，但却难以自拔。于是，他把自身的体验和感受以及各种精神病征兆，完全转移至一部小说的可怜的主人公身上。幸亏有这种"自我精神宣泄"和"内在信息输导"，否则他也会发疯的。

凡尔纳所以能经受得住思想的折磨，主要是得利于他一直从事着能排遣内心忧虑的创作职业和不间断的有规律的工作。

在凡尔纳蛰居亚眠期间，总是在一个"像单人牢房似的"工作室兼卧室里，过着一种有规律的隐士般的生活。

科学幻想小说之父　**凡尔纳**

在一扇面向亚眠大教堂的窗前，放着一个简朴的写字台，上面摆放着莫里哀和莎士比亚的两个半身雕像和几张水彩画，一堆书稿和几本著作。这就是他安身立命的场所。

他每天早上5点钟起床，坐在桌前写作、校对或阅读到11点钟。中午稍事休息，下午依然重复午前的工作程序，每晚8点或8点半上床，以确保第二天5点起床，再重复前一天的工作程序。工作间隙，他站起身来伸腰舒臂，抬头凝望教堂尖顶上的蓝天和浮云，一俟灵感或佳句涌上心头，便立即坐下来，伏案疾书……

→莎士比亚

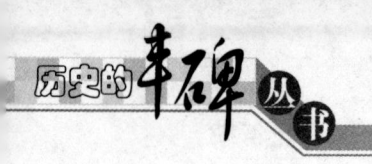

千古流芳

> 有教养的人的遗产，比那些无知的人的财富更有价值。
> ——德谟克利特

在凡尔纳垂暮之年，他变得心境平和、沉默寡言、性情宁静。岁月在流逝，健康在下降，他预感到所剩的日子已经不多了，现在到了回首往事、做人生总结的时候了。

他在人生总结表上排列着各种挫折和成功，他不无遗憾地感到挫折所占的分量实在太大了，这耗费了他许多精力和时间。他没有忘记充满梦幻的童年，在故乡的海滨和小山岗度过的美好时光；他没有忘记充满忧伤和失望的青年，卡罗琳的影子经常与他心灵的伤痕重合在一起。他在文学上的兴趣和成就，始终无法将心灵上的创伤治愈；大仲马、剧本草稿、文艺沙龙、巴黎歌剧院……这一切既模糊又清晰、既遥远又切近。他曾一度梦想在戏剧创作上获得成功，结果却做了许多虚功收效甚微。去亚眠参加友人的婚礼，使

科学幻想小说之父　**凡尔纳**

他干了两件决非慎重的大事：去证券交易所以及同奥诺里娜结婚。去交易所当证券经纪人，荒唐！他可是最瞧不起金融界的呀；同年轻寡妇奥诺里娜结婚，轻率！他实在无法向这位对他寄以厚望的女人提供她所憧憬的美好家庭生活。他早就该告诉她，这种婚姻是不可能幸福的。可怜的奥诺里娜，当他撇下交易所业务不干，将全部时间耗费在她并不欣赏的信笔涂鸦的时候，她带领子女含辛茹苦地打发凄怆的日子。

这些年来，他在事业上的确有所突破，终于为自

法国Frankreich 于2005年——2006年发行的凡尔纳系列金银铜纪念币

己创造了一种新文学体裁，他的名字被列入了职业作家的行列，他的《气球上的五星期》《地心游记》《从地球到月球》《格兰特船长的儿女》《海底两万里》《八十天环游地球》和《神秘岛》等科幻小说，赢得了亿万读者，因此，他经常满怀激情地继续奋进、不断开拓自己走出的新路。但是，心灰意懒的时候，善于挑剔的凡尔纳，便躲在心灵阴暗的角落里发出质问：你所做的和你所获得的一切，是否是你所追求的事业的辉煌？你是否有资格欢呼自己的胜利？你被眼前的成就所囿是否值得？这一切在同行专家的眼里会不会变得徒劳无益？

这些年来，这种令他心烦意乱的自省和自问，不断地折磨着他，成为他周期复发的心病。这种心病同家事带来的烦恼搅和在一起，影响他的情绪，损害他的健康。

科学幻想小说之父　**凡尔纳**

人在追求价值的实践中，往往会出现一种心理怪圈：对自己获得的东西不知道珍惜，对自己没有得到的东西又感到很惋惜。当凡尔纳还是个大学生时，他曾对父亲说，只有文学符合他的兴趣，倘若有朝一日他在文学上为家庭带来某种荣耀，希望家庭不要为此而感到震惊。他也曾认为，仅以纸笔便可维持自己的生计的写作，是世上一种最美好的职业，甚至他曾情不自禁地高兴地喊道："多美好的职业呀！我自由了。我拿起一支铅笔和一叠白纸，然后离群索居……"

2005年瑞士KBA-GIORI公司凡尔纳测试钞

如今，他过去所追求和向往的一切都达到了，可是当他品尝成功甘果时总觉得有一丝失败的苦涩，因为那不是他梦寐以求的最高愿望，他的人生理想并没得到满足。他虽然淡泊名利、豁达大度，但他还是因为没有得到同行的认可，没有在正宗文学家的殿堂里占有一席之地，而感到忧伤和惋惜。

凡尔纳一生追求的最高目标是，做一名正宗的文学家，如果可能的话，做一名与雨果、巴尔扎克、大仲马和左拉等齐名的文坛大家。然而，法国文学界对他独创的体裁持冷漠态度，他们认为，尽管"凡尔纳在他征服的王国里实施统治而没遇到过对手"，但"确切地说，他不是一位小说家，因为爱情乃全部小说之基础，可他大部分作品却很少反映"。因此，尽管凡尔纳享有世界声誉，但仍因几位文学专家对他装聋作哑、不予承认而感到痛苦。

在凡尔纳76岁的时候，他开始服老了。他感到衰老的原因，倒不是因为他的健康每况愈下，他的右眼

科学幻想小说之父　**凡尔纳**

的白内障日趋严重，而是由于精力在衰减、记忆力在消退，以往生活中一些印象深刻的事件，现在在他头脑中也变得朦胧了、模糊了，一切都恍如梦境。

这期间，他仍拼着老命专心致志地赶写他生命中的最后著作。同时，他还着手安排后事，他毁掉了大量信件、手稿和账簿，这位老作家不仅在垂暮之年隐声匿迹，而且也不希望在百年之后把他一生隐藏在内心深处的机密和戏剧性事件公布于世。

1903年，凡尔纳的身体急剧衰弱，他患有糖尿病和白内障，视力明显减退，一边耳朵也全聋了。他成为一个可怜的疾病缠身的孤独老人。

也许当年的亚眠人都曾见过，每天午后在杜·梅尔林荫道上，经常出现一位老态龙钟、步履蹒跚的老

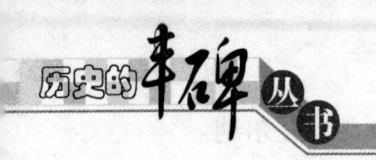

人。他时而在一棵树后停下来，歇歇气儿，松弛一下自己的孤独和忧伤的"坏情绪"；时而坐在林荫道旁的同一条长凳上，凝视着火车从他住宅前面新开凿的绿色铁路隧道穿过。他陷入冥想和沉思，或回想如烟的往事，或构思恍如梦境的小说情节，但这梦幻般的朦朦胧胧的意识活动，不再是文学创作的前奏，而是缓慢地走向死亡的征兆。

1905年3月17日，他的糖尿病突然加剧，死神已经临近了。他病危的消息传开后，散居在法国各地的家属和亲友纷纷前来探望。这时，展现在亲友面前的完全是个行将就木的老人。他的小妹妹玛丽在写给家人的信中，对病入膏肓的哥哥，作了如下的描述：

……我们可怜的朋友确实病得非常厉害，除非出现奇迹，否则没有什么东西可以拯救他了。他的右半边身体完全瘫痪了，但他的头颈尚能活动。他显得非常冷静，看见我们似乎很高兴。……然而，儒勒想做的事情，他已经做完了。这位可爱的人现在变得出奇的安详，正静候着死神的来临，他早就在等着这一时刻……

科学幻想小说之父　**凡尔纳**

　　凡尔纳的麻痹症迅速恶化，很快便连周围的亲友都不认识了。当麻痹症发展到脑部时，他完全失去了知觉。这时的凡尔纳，在玛丽眼里，已不是令她景仰的知识渊博的哥哥，而是令人怜悯的空虚的躯壳了。

　　1905年3月24日上午8时，这位举世闻名的科学幻想小说家与世长辞了，享年78岁。

　　1905年3月28日，凡尔纳生前的亲友和崇拜者为他举行了隆重的葬礼。

　　参加葬礼的有士兵和中、小学生，有政治家，也有牧师。在送葬的队伍中有一位陌生的英国人，在他以英国绅士所特有的风度与凡尔纳家属一一握手的时

→匈牙利发行的纪念凡尔纳邮票

文学艺术家卷　107

美欧俄三方合作首个自动转移飞行器——"儒勒·凡尔纳"号升空。

候，反复说着一句格言："鼓起勇气，振奋起来，要经受得住痛苦的考验。"这位来历不明的英国人，使人们感到很蹊跷，甚至有人做了荒诞的演义：他是不是死者名著《八十天环游地球》中主人公斐利亚·福克的灵魂显圣？

凡尔纳走了，离开曾使他为之烦恼的家庭和喧嚣争斗的社会走了。如何评价这位一生以笔耕为业的作家？他除了传世的百余部著作之外，给后世还留下了什么？

对这类问题，以往的传记作者们都有所涉及，不

科学幻想小说之父　**凡尔纳**

过由于他们都将答案巧妙地隐藏在字里行间之中，使人难透析其真谛。应该说，凡尔纳除给后世留下丰厚的文学遗产外，还留下了寓于文字之中又外延于书本之外的深邃的哲理。

凡尔纳一生曾创作了许多探险题材的作品，不过这些作品的结局往往都是以主人公的目的落空和计划失败而告终，有时作家只是出于避免刺痛喜欢看喜剧结尾的读者的考虑，才不得不安排作品主人公幸免于难的结局。作家这么做的意图是相当明显的，他想以此告诫人们，不要过分迷信人类暂时的进步和微不足道的才能，人类贪婪的欲望终将化为泡影。

摩纳哥1955年发行凡尔纳逝世50周年纪念邮票

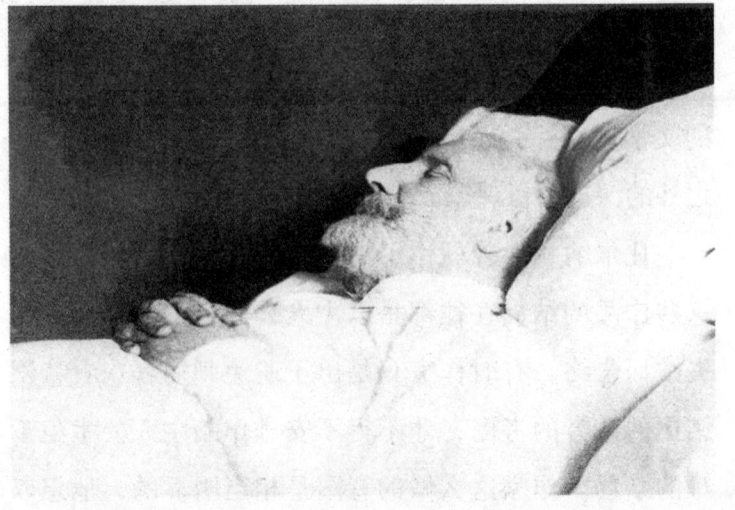

←病榻上的凡尔纳

凡尔纳唯恐粗心的读者无视他作品中的潜台词，有时干脆让书中主人公站出来为他代言。《流星追逐记》作品中的主人公考迪埃尔，目睹人们垂涎的金流星坠入大海和奥斯特发生的骚乱，不禁对人类的贪欲的落空和梦幻的破灭大发感慨。他说：

> 使人与人之间勾心斗角的只有需要、狂热和傲慢，还有疯狂，这种疯狂潜伏在所有的人群中，使他们在品尝了暴力的滋味后，因破坏和杀戮而变得昏昏沉沉，终于停歇下来了。正是出于这样一种疯狂——英雄主义或抢劫行为，视情况而定——强盗才毫无道理地将手无寸铁的过往行人打翻在地；正是出于这样一种

科学幻想小说之父　**凡尔纳**

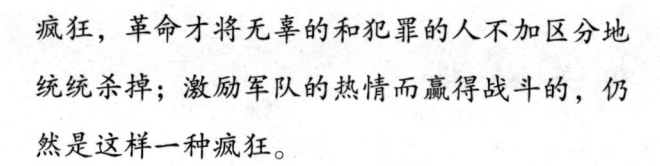

疯狂，革命才将无辜的和犯罪的人不加区分地统统杀掉；激励军队的热情而赢得战斗的，仍然是这样一种疯狂。

这种疯狂则表明人类缺乏理智和良知，而缺乏理智和良知的人类必将被傲慢所支配。正是这种傲慢使人类看不透自己的生命以及他们孜孜以求的物质财富如同过眼烟云，虚幻而又暂短；正是这种傲慢维持着人类对那些残忍而荒唐的争斗的兴趣，为了暂时地占有这个世界上的某些稀缺的东西，而经常不惜为这些争斗付出破坏人与社会及自然和谐关系的代价。

总而言之，鞭挞人类的疯狂和傲慢的劣根性，警告世人保持理智和良知，这就是凡尔纳留给后世的以书本为载体的一笔巨大的精神财富。这使他名垂千古，百世流芳。

→凡尔纳的葬礼

相关链接

凡尔纳作品

中长篇小说

《气球上的五星期》

《八十天环游地球》

《沙皇的信使》

《两年的假期》

《亚马逊漂流记》

《格兰特船长的儿女》

《海底两万里》

《神秘岛》

《牛博士》

《喀尔巴阡的古堡》

《突破封锁》

《测量子午线（南非洲历险记）》

《太阳系历险记》

《从地球到月球》

《环绕月球》

《征服者罗比尔》

《大臣号遇难者》

《地心游记》

《无名之家》

《隐身新娘》

《地下之城》

《十五少年漂流记》

《主宰世界的人》

《冰岛怪兽》

《金火山》

《1839年的一位神甫》

《在马尼热尼拉》

《美丽的黄色多瑙河》

《桑道夫伯爵》

《飞行村》

《流星追逐记》

《迎着三面旗》

《旋转乾坤》

《机器岛》

《烽火岛》

《哈特拉船长历险记》

《十五岁的小船长》

《大海的入侵》

《培根的五亿法郎》

《让-玛丽·卡比杜兰的故事（圣-埃诺克号历险记）》

《英格兰和苏格兰旅行记》

《20世纪的巴黎》

《天边灯塔》

《奥兰情游》

《小把戏》

《昂梯菲尔奇遇记》

《马丁·帕兹》

《旅行基金》

《漂逝的半岛》

《壮丽的奥利诺科河》

《第二祖国》

《蒸汽屋》

《一张彩票》

《奇特旅行记》

《基普兄弟》

《法兰西之路》

《南方之星》

《辛迪亚号的残骸》

《一个中国绅士的遭遇》

《漂浮的城市》

《克洛迪斯·邦巴纳克》

《布拉尼康夫人》

《北方反对南方》

《利沃尼亚的一场悲剧》

《天边灯塔》

短篇小说

《圣卡洛斯》

《空中历险记》

《一个在冰雪中度过的冬天》

《永恒的亚当》

《墨西哥的"幽灵"》

《佐奇瑞大师》

《升D先生和降E小姐》

《皮埃尔·让》

《围攻罗马》

《昂塞勒默·德·蒂勒尔的婚姻》

《汉堡》

《弗列特—弗拉克》

《牛博士的奇想》

《十小时狩猎》

《尚特莱恩伯爵》

《童年和青少年时代的回忆》

《拉东一家奇遇记》

《理想城市（2000年的亚眠）》

《吉尔·布拉塔尔》

《圣诞节的故事》

《风雨之夜》

《海底奇光》

剧本

《亚历山大六世》

《火药的阴谋》

《路易十五时期的一场悲剧》

《基里迪娜》

《从龙潭到虎穴》

《白天幸福的人》

《来自美洲的侄子》

《断草》

《蒙娜丽莎》

《加利福尼亚的城堡》

《捉迷藏》

《玛若兰纳的伙伴们》

《阿登旅店》

《德·香邦泽先生》

《折断的麦秆》